Lehr- und Arbeitsmaterialien für den Islamunterricht

1

Muhammet Mertek

INID

Originalausgabe

Herausgegeben vom INID-Institut

Korrespondenz:
Viktoriastr. 6
59067 Hamm
Fax: (02381) 92 61 65
Email: inid99@aol.com

www.inid.de

ISBN: 978-3-935521-44-4

Seitenlayout: Mehmet Tavsanli

Druck: MAS-Druckerei Istanbul, 2008

INHALT

1) Vorwort V

2) Miteinander leben
- In der neuen Schulklasse 1
- Miteinander leben 2
- Nachbarschaft 3
- Umgang mit Waisen und Bedürftigen 4
- Miteinander leben im Koran 5
- Miteinander leben in den Hadithen 6
- Freundschaft 7
- Wenn das Glück an die Tür klopft 8

3) Die fünf Säulen des Islams
- Der Gebetsruf 11
- Das Pflichtgebet 12
- Die Pflichtabgabe 14
- Das Fasten 16
- Die Pilgerfahrt 23

4) Wichtige Moscheen der Muslime 29

5) Feste im Islam 30

6) Die Geschichte des Propheten Abraham 33

7) Mensch und Schöpfung
- Islam und Mensch 35
- Schöpfung im Koran 36
- Wohlverhalten und gute Werke 37
- Gott erkennen 40
- Gott dienen 41
- Die Erde als gute Gabe Gottes 45

8) Das islamische Gottesverständnis
- Die Eigenschaften Gottes 47
- Die 99 Schönen Namen Gottes 50

9) Das Leben des Propheten Muhammad
- Die vorislamische Zeit 54
- Der Prophet Muhammad 55
- *Al-Amin* kommt 56
- Der Prophet erhält die erste Offenbarung 57
- Ein Leben als Prophet 58
- Die Prophetenschaft 61
- Die großen Propheten 62

10) Die Gefährten des Propheten Muhammad
- Mus'ab bin Umayr 64

11) Der Koran als ein Wunder Gottes 68

12) Die Sunna: Der Weg des Propheten
- Sunna und Hadithe 73

13) Die schönen Vorbilder: Die Propheten Abraham und Muhammad 75

14) Seele und Körper
- Wie man Geist und Körper zerstört 79
- Gesundheit durch Reinheit 81
- Sucht in den Medien 83

15) Streit und Versöhnung
- Die Geschichte von Yusuf im Koran 84
- Schlechte Gewohnheiten lassen sich nur schwer ändern 85

16) Die muslimische Familie
- Familie im Islam 86
- Wer übernimmt in der Familie welche Aufgaben 87

17) Die rechtschaffenen Kalifen (632-661)

18) Die Glaubensgrundsätze 91

19) Gebetstexte
- Welches Wort wird hier gesucht 93
- Ausgewählte Bittgebete 94
- Gebetstexte 95
- Bittgebete während der Pilgerfahrt 97

20) Vollmond 99

21) Ergänzende Informationen zur Handhabung 100

EINLEITENDE WORTE

Es vergeht kein Tag, an dem in der Öffentlichkeit nicht über den Islam diskutiert wird. Eher selten geht es dabei um Dinge, die den Kern der Religion betreffen. Nur allzu häufig werden lückenhafte Erkenntnisse oder gar Fehlinformationen präsentiert, die Vorurteile nähren. Diese Vorurteile machen vor den Mauern der Schulen nicht halt und wirken naturgemäß auch auf die Kinder ein. Da die Funktion der Schule aber unter anderem darin besteht, den Schülerinnen und Schülern Fakten und kontroverses Wissen zu vermitteln, gilt es hier gegenzusteuern.

Dass dies möglich ist, zeigt nicht zuletzt die Erfolgsgeschichte des Islamunterrichts. Dieser wurde erstmals 1999 in einem Modellversuch an nordrhein-westfälischen Schulen erteilt, inzwischen aber auch in mehreren anderen Bundesländern. In naher Zukunft soll er flächendeckend als ordentliches Fach eingeführt werden. Ein Problem jedoch war bislang, dass zu Recht immer wieder bemängelt wurde, es gäbe keine brauchbaren anspruchsvollen Unterrichtsmaterialien. Andererseits wurden nie wirklich konkrete Schritte unternommen, Lehr- und Arbeitsmaterialien zu entwickeln, die dem Lehrplan entsprechen.

Als Lehrer des Faches Islamunterricht in einer Gesamtschule in Hamm, NRW, habe ich mir deshalb - praktisch gezwungenermaßen - vor jeder einzelnen Schulstunde Gedanken darüber machen müssen, wie ich den Kindern im Unterricht islamische Inhalte am besten nahebringe. Meinem Unterrichtsalltag verdanke ich viele Ideen und Impulse, von denen ich einige schnell wieder verworfen habe, andere hingegen erfolgreich erproben und überarbeiten konnte. Letztere sind in die vorliegenden Lehr- und Arbeitsmaterialien mit eingeflossen. Eine solide Basis für diesen Ansatz bildeten meine zahlreichen Publikationen und Vorträge zur Religion des Islams.

Diese „Lehr- und Arbeitsmaterialien für den Islamunterricht 1" sind die ersten ihrer Art im deutschsprachigen Raum. Sie liefern Schüler und Lehrkräften sachlich korrekte und nachprüfbare Informationen über den Islam, sind in pädagogisch-didaktischer Hinsicht systematisch durchdacht und sollen schülergerecht Freude am Lernen vermitteln.

Untergliedert ist diese Arbeit in 99 Seiten zu 15 Themenbereiche, die in Bezug stehen zum Leben des Menschen, zu seinem Verhältnis zu sich selbst, zu seinen Mitmenschen, zu seiner Umwelt und zu Gott. Insbesondere wurde darauf geachtet, dass die unterschiedlichen Facetten des Islams in einer Art und Weise dargestellt werden, die die Akzeptanz der breiten Mehrheit der Muslime findet und die muslimische Kultur als Ganzes berücksichtigt. Der Einsatz dieser Lehr- und Arbeitsmaterialien ist nicht auf den Islamunterricht beschränkt, sondern auch in anderen gesellschaftlichen Fächern, wie Politik, Gesellschaftslehre, Geschichte, Sozialwissenschaften, Erdkunde, Religion usw. sehr gut möglich.

Das Buch verfügt über einen fundierten Wortschatz zum Islam in deutscher Sprache und hilft den Schülerinnen und Schülern somit, ihre Gedanken in Worte zu fassen und sich in Schule und Alltag besser auszudrücken. Das halte ich für außerordentlich wichtig. Eine besondere Hürde in dieser Hinsicht stellt das ganz unterschiedliche Sprachniveau der Schüler dar. Dennoch denke und hoffe ich, dass diese Lehr- und Arbeitsmaterialien in allen Schulformen der Sekundarstufe I kreativ ein- und umgesetzt werden können und dazu beitragen werden, das Sprachvermögen der Kinder insgesamt zu heben.

Um kommende Auflagen noch weiter verbessern zu können, bin ich für jedes konstruktive Feedback dankbar. Abschließend möchte ich meinen Freunden und Kollegen danken, die mich bei diesem Projekt so tatkräftig unterstützt haben.

Muhammet Mertek
Hamm, Juni 2008

IN DER NEUEN SCHULKLASSE

Gruppenarbeit der Schüler an der Sophie-Scholl-Gesamtschule in Hamm

Seit einer Woche wohnt Ali mit seiner Familie in Hamm. Sein Vater hat hier in einem Automobilwerk einen neuen Arbeitsplatz angenommen, und deshalb musste die ganze Familie von Koblenz nach Hamm umziehen. Morgen beginnt für Ali das neue Schuljahr in der 5. Klasse der Sophie-Scholl-Gesamtschule. Ali ist schon seit Tagen ein wenig aufgeregt, er hat auch ein wenig Angst, da seine besten Freunde Ahmed und Kerim nicht mehr da sind. Sie besuchen jetzt eine Realschule in Koblenz.

Ali berichtet selbst:

Anfangs wollte ich nicht auf diese Schule, da meine Freunde ja auf eine andere Schule gegangen sind. Doch wir mussten nach Hamm umziehen. Ich habe meine Angst überwunden. An meinem ersten Schultag habe ich bemerkt, dass es überhaupt nicht so schlimm ist, wie ich es mir vorgestellt hatte. Schnell habe ich hier neue Freunde gefunden. Diese haben mir erzählt, dass es ihnen genauso ging wie mir. Jetzt gefällt mir alles sehr gut, und ich fühle mich in meiner neuen Schulklasse wohl.

Aufgaben

1) Für Ali hat sich vieles verändert. Erzählt euren Mitschülern, was für euch neu in der Schule ist!
2) Gefällt euch die neue Sitzordnung?
3) Wo sind eure alten Schulfreunde aus der Grundschule geblieben?
4) Worauf sollte man achten, um ein gutes Miteinander in der Schule schaffen zu können?
5) Wie hast du selbst dich zu Anfang der 5. Klasse gefühlt?

MITEINANDER LEBEN

Aufgaben

1) Was fällt dir zu diesen Bildern ein?
2) Was können wir aus diesen Bildern lernen?
3) Wie kann man das friedliche Miteinanderleben fördern? Finde die wichtigsten Begriffe im Text heraus, und liste sie weiter unten auf!

Das Miteinanderleben sollte man fördern, indem man sich gegenseitig grüßt, einander hilft und freundlich und höflich miteinander umgeht. Auch muss man die Meinungen und das Eigentum anderer Menschen respektieren. Weiterhin kann man das Miteinanderleben stärken, wenn man die Rechte anderer Menschen beachtet und Streitigkeiten gewaltfrei löst. Für ein friedliches Miteinander sollte man auch andere Kulturen als gleichwertig akzeptieren und seine Mitmenschen nicht mit Worten oder Taten beleidigen oder erniedrigen. Das Wichtigste für ein gutes Miteinander ist aber in erster Linie das gegenseitige Vertrauen.

- sich gegenseitig grüßen
- die Rechte anderer Menschen beachten
- ____________________
- ____________________
- ____________________
- ____________________
- ____________________
- ____________________

4) Erstellt nun einen Klassenvertrag dazu, wie ein gutes Miteinander in der Klasse möglich ist!
   a) Gruppenarbeit: Ergebnisse vorstellen
   b) Diskutieren und einen gemeinsamen Vertrag (Plakat) erstellen
   c) Unterschreiben und die Regeln einhalten

NACHBARSCHAFT

Respekt	**Liebe**
Rücksichtnahme	**Verständnis**
Brüderlichkeit	**Haus**
Neid	**Garten**
Hilfsbereitschaft	**Musik**
Vertrauen	**Spiele**
Regeln	**Ordnung**
Gastfreundschaft	**Geduld**

Was ist wichtig für eine gute Nachbarschaft?

✔ Beende die Arbeitsaufgabe, und finde zu jedem Begriff ein Beispiel! (Siehe Nr. 1)

1) Rücksichtnahme	Abends höre ich keine laute Musik.
2) Gastfreundschaft	______________________
3) ______________________	______________________
4) ______________________	______________________
5) ______________________	______________________

Aufgaben

1) Ist die Nachbarschaft für dich wichtig? Erkläre deine Meinung!
2) Was gefällt dir in deiner Nachbarschaft besonders gut und was nicht? Formuliere in Stichpunkten!
3) Wie kann man eine gute Nachbarschaft aufbauen?

UMGANG MIT WAISEN UND BEDÜRFTIGEN

Ihr sollt niemanden außer Gott anbeten,
die Eltern, Verwandten, Waisen und Armen gut behandeln,
freundlich zu den Menschen sprechen,
das Gebet (*Salâh*) verrichten und
die Pflichtabgabe (*Zakât*) entrichten.

(Der Koran, 2:83)

In diesem Vers gibt es zwei Bereiche:

1) **Der persönliche Bereich:**
   - Glaube an Einen Gott
   - Das Pflichtgebet

2) **Der gesellschaftliche Bereich:**
   - Gute Behandlung der Eltern, Verwandten, Waisen und Armen
   - Freundliches Sprechen zu den Menschen
   - Pflichtabgabe (*Zakât*)

WAISEN
ALTE MENSCHEN
BEHINDERTE
ARME

Sozialer Umgang →
- gute Behandlung
- freundliches Sprechen
- ______________________
- ______________________

Finanzielle Unterstützung →
- *Zakât* (Pflichtabgabe)
- ______________________
- ______________________
- ______________________
- ______________________

Aufgaben

1) Welche Umgangsformen mit Waisen und Armen kennst du noch? Liste sie in deinem Heft auf!
2) Wie kann man bedürftige Menschen außerdem finanziell unterstützen?

MITEINANDER LEBEN IM KORAN

Der Koran betont, wie wichtig es ist, ein gutes Verhältnis zu seinen Mitmenschen zu haben.

Und (um Zufriedenheit im persönlichen, Familien- und gesellschaftlichen Leben zu haben) dient Gott, und setzt Ihm nichts zur Seite; und erweist den Eltern Wohltaten auf beste Weise, sowie den Verwandten, den Waisen, den Armen, den Nachbarn, die verwandt oder aus der Fremde sind, dem Freund an eurer Seite, dem Reisenden. (Behandelt sie gut, und erzieht euch selbst in dieser Hinsicht) denn Gott liebt nicht die, die eingebildet und angeberisch sind.

(Der Koran, 4:36)

Zu wem soll man besonders gut sein?

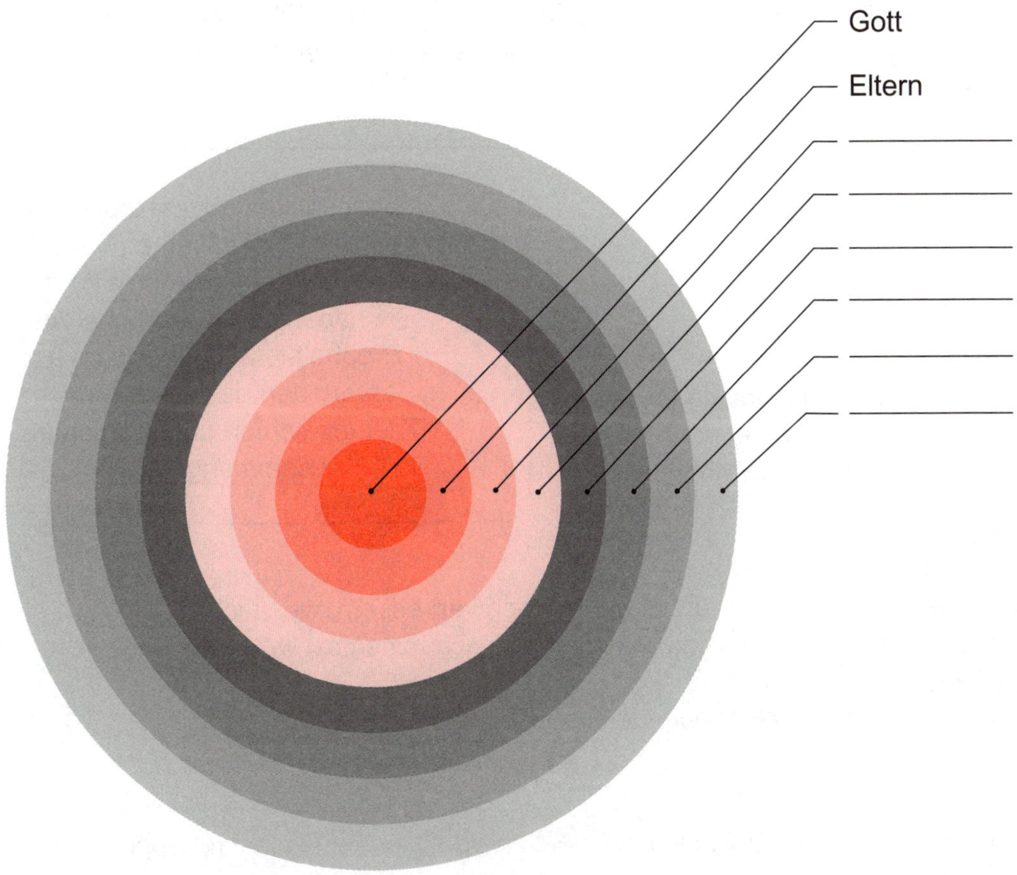

Aufgabe

- Schreibe einen kurzen Brief an deine Mutter mit dem Thema, warum man ein gutes Verhältnis zu Gott und seinen Mitmenschen haben sollte! Achte dabei auf die Reihenfolge der im Koranvers genannten Personen!

MITEINANDER LEBEN IN DEN HADITHEN

Auch einige Aussprüche (Hadithe) des Propheten Muhammad finden zum Miteinander deutliche Worte:

1) Ein Muslim ist jemand, der den Muslimen weder mit seiner Zunge (mit Worten) noch mit seiner Hand schadet.
(Abu Dawud, Nasa`i)

2) Verachte die kleinste gute Tat nicht, auch wenn sie darin besteht, dass du deinem Bruder mit freundlichem Gesicht begegnest.
(Muslim)

3) Niemand von euch ist (wirklich) gläubig, bis er seinen Geschwistern das wünscht, was er sich selbst wünscht.
(Bukhari, Muslim, Tirmidhi)

4) Wer an Gott und an den Jüngsten Tag glaubt, soll Gutes reden oder schweigen, seinen Nachbarn und seinen Gast ehren (achten).
(Bukhari)

Du siehst hinter jedem Hadith einen Namen. Bei diesen Namen handelt es sich um bekannte Hadith-Sammler. Sie haben die Aussprüche des Propheten Muhammad im 9. Jahrhundert gesammelt, nach Themen sortiert und in Büchern zusammengestellt.

Aufgaben

1) Vervollständige den folgenden Satz mit Hilfe eines der drei oben aufgeführten Hadithe!

Beispiel:
Die menschlichen Beziehungen kann ich verbessern, wenn ich meinem Mitmenschen das wünsche, was ich mir selbst wünsche.

Die menschlichen Beziehungen kann ich verbessern, wenn ich

____

2) Finde verschiedene Beispiele aus dem Alltag zu einem Hadith! (Gruppenarbeit)

Hadith:
Bezeichnung für die Berichte, in denen überliefert wurde, was der Prophet Muhammad sagte und tat.

FREUNDSCHAFT

Akrostichon

F reundlichkeit beweisen
R espekt zeigen und Geheimnisse bewahren
E inander zuhören
U nd
N icht streiten.
D eutsche und Türken,
S chwarze und Weiße,
C hristen und Muslime
H alten zusammen
A ber nur durch
F reundschaft und
T eilen von Liebe und Glück.

Akrostichon:
Gedicht, bei dem die einzelnen Buchstaben eines Wortes zusammenhängende Worte, Namen oder Sätze einleiten.

Aufgaben
1) Bilde ein Akrostichon mit einem der Wörter „Miteinander", „Nachbarschaft", „Liebe" oder „Respekt"!
2) Was bedeutet Freundschaft für dich?

Ständen doch auch die Menschen so friedlich, so aufrecht und so dicht beisammen…

Was ist Freundschaft?

Was ist Freundschaft?
Miteinander lachen, auch mal Scherze machen.
Zuhören können, dem anderen Ruhe gönnen.
Vertrauen haben, Geheimnisse bewahren.
Bei Ärger gelassen bleiben, nicht gleich Zähne zeigen.
Wut erst mal verdauen, falsches Handeln bedauern.
Ja zur Versöhnung sagen, nicht nach gestreckter Hand schlagen.
Hand zur Versöhnung reichen, nicht gleich danach beißen.
Wunden Zeit zur Heilung geben, sich selbst dabei zurücknehmen.
Und wer dies nicht kann:
Sollte sich NIEMALS Freund nennen!

Angelika Hofmann

WENN DAS GLÜCK AN DIE TÜR KLOPFT

Der **glücklichste** Mensch auf dieser Welt ist derjenige, der alle glücklich macht.
Der **beliebteste** Mensch auf dieser Welt ist derjenige, der die Liebe kennt.
Der **stärkste** Mensch auf dieser Welt ist derjenige, der die Schwierigkeiten besiegt.
Der **gebildetste** Mensch auf dieser Welt ist derjenige, der sich selbst kennt.

Wenn die ganze Welt doch nur daran glauben würde, doch nur daran glauben würde und das Leben zu einem Fest werden würde.

Wenn doch alle Menschen Hand in Hand gehen, eine Gemeinschaft bilden und den Weg in die Ewigkeit gemeinsam beschreiten würden.

Der **reifste** Mensch auf dieser Welt ist derjenige, der dem Schmerz ins Gesicht lacht.
Der **adeligste** Mensch auf dieser Welt ist derjenige, der gerecht ist.
Der **reichste** Mensch auf dieser Welt ist derjenige, der die Herzen erobert.
Der **ehrwürdigste** Mensch auf dieser Welt ist derjenige, der die Menschen zu lieben weiß.

Wenn die ganze Welt doch nur daran glauben würde, doch nur daran glauben würde und das Leben zu einem Fest werden würde.

Wenn doch alle Menschen Hand in Hand gehen, eine Gemeinschaft bilden und den Weg in die Ewigkeit gemeinsam beschreiten würden.

Anonym

Aufgaben

1) Welche wichtigen (Charakter-) Eigenschaften des Menschen werden in diesem Gedicht erwähnt? Wie werden diese Eigenschaften beschrieben?

Eigenschaften	Beschreibung
glücklich	alle glücklich machen

2) Wann könnte das Leben also zu einem Fest werden?
3) Kennst du in deinem Umfeld Menschen, die einige dieser Eigenschaften besitzen?
4) Schreibe die Eigenschaften deines Idols auf, und vergleiche sie mit den Eigenschaften oben! Sind die Stars von heute wirklich Vorbilder?

DIE FÜNF SÄULEN DES ISLAMS

Du hast sicherlich schon mal von fünf Säulen des Islams gehört. Wo und von wem?

Wer sich zum Islam bekennt, ist ein Muslim. Er praktiziert die fünf Säulen des Islams.

Aufgabe

- Ordne die fünf Säulen des Islams den Bildern zu!

____

____

____

اَشْهَدُ اَنْ لَا اِلٰهَ اِلَّا اللهُ
وَاَشْهَدُ اَنَّ مُحَمَّدًا
عَبْدُهُ وَرَسُولُهُ

____

____

Die Glaubensbezeugung:
Ich bezeuge, dass es keine Gottheit außer Gott gibt, und ich bezeuge, dass Muhammad Sein Diener und Gesandter ist.

DIE FÜNF SÄULEN DES ISLAMS

Fatma hat die Säulen des Islams in der Moschee auf Arabisch auswendig gelernt. Aber sie weiß nicht, was diese auf Deutsch bedeuten. Kannst du die arabischen Wörter den deutschen Wörtern zuordnen?

1. ***Kalimat asch-Schahada***	Das Pflichtgebet
2. ***Salah***	Das Fasten im Monat Ramadan
3. ***Zakat***	Die Pilgerfahrt nach Mekka
4. ***Saum***	Die Glaubensbezeugung
5. ***Hadsch***	Die Pflichtabgabe

__________ Muslim zu sein beginnt mit dem Glauben. Der Grundstein des Glaubens ist das Bekenntnis zum Glauben. Wer ein Muslim werden möchte, spricht die Worte: Aschhadu an la ilaha illa'llah wa aschhadu anna muhammadan abduhu wa rasuluh. (Ich bezeuge, dass es keine Gottheit außer Gott gibt, und ich bezeuge, dass Muhammad Sein Diener und Gesandter ist.)

__________ Die Verrichtung dieses Gebets fünfmal am Tag ist die erste Pflicht eines jeden Muslims.

__________ Dieses arabische Wort bedeutet wörtlich so viel wie Reinigung und Vermehrung. Jeder Muslim, der nach Stillung seines Grundbedarfs mehr als 85 Gramm Gold oder dessen Gegenwert besitzt, gilt als wohlhabend und ist dazu angehalten, dies zu leisten. Wenn ein Jahr vergangen ist, seitdem er diese 85 Gramm Gold oder dessen Gegenwert besitzt, zahlt er ein Vierzigstel (2,5%) davon an bedürftige Menschen.

__________ Die Muslime besuchen die Kaaba und die heiligen Stätten in und um Mekka. Dabei vollziehen sie bestimmte rituelle Formen der Anbetung. Jeder Muslim, der es sich leisten kann, sollte dieses Gebet einmal im Leben vollziehen.

__________ Im Monat Ramadan verzichten die Muslime von Morgendämmerung bis Sonnenuntergang auf Essen und Trinken.

Aufgaben

1) Ordne die Begriffe der fünf Säulen den Erklärungen zu!
2) Erstelle ein Plakat über die fünf Säulen des Islams mit Hilfe der obigen Bilder und Erklärungen! (Partnerarbeit)

DER GEBETSRUF (*AZÂN*)

Mit dem Gebetsruf (*Azân*) fordert der Muezzin die Muslime fünfmal täglich zum Gebet auf. Der Gebetsruf erfolgt, wenn die Zeit des Gebets gekommen ist, nicht früher. Er wendet sich an die Einwohnerschaft des jeweiligen Stadtteils oder Dorfes. Neugeborenen spricht man ebenfalls den *Azân* ins Ohr.

Üc Serefeli-Moschee, Edirne/Türkei

1) **allâhu akbar** (4-mal) (Gott ist groß.)
2) **aschhadu an lâ ilâha illâ-llâh**. (2-mal)
(Ich bezeuge, dass es keine Gottheit außer Gott gibt.)
3) **aschhadu anna muhammada r-rasûlu-llâh**. (2-mal)
(Ich bezeuge, dass Muhammad der Gesandte Gottes ist.)
4) **hayyâ alâ s-salâh.** (2-mal) (Auf zum Gebet!)
5) **hayyâ alâ l-falâh**. (2-mal) (Auf zum Heil [Wohlergehen]!)
6) **allâhu akbar.** (2-mal) (Gott ist groß.)
7) **lâ ilâha illâ-llâh.** (Es gibt keine Gottheit außer Gott.)

Nach Punkt 5 wird zum Morgengebet hinzugefügt:
as-salâtu khayrun min an-naum. (2-mal)
(Das Gebet ist besser als der Schlaf.)

Aufgabe

- Was für eine Bedeutung hat der *Azân* für die Muslime? Frage in deinem Umfeld nach, und schreibe dazu einen Text!

Es gibt auch einen zweiten Gebetsruf (*Iqâma*), der unmittelbar vor jedem Pflichtgebet mit dem folgenden kurzen Zusatz nach Punkt 5 des eigentlichen Gebetsrufs (*Azân*) gesprochen wird:

qad qâmati s-salâh. (2-mal)
(Das Gebet hat begonnen)

Azân-Bittgebet:

O Gott, Herr dieses vollkommenen Rufs und des Pflichtgebets, das nun verrichtet werden soll! Gewähre (unserem Lehrmeister) Muhammad die Nähe zu *Al-Haqq*, lass ihn die Himmel und das Jenseits erreichen! Erhebe ihn zu dem gepriesenen Ort *[Maqam al-Mahmud]*, den Du ihm versprochen hast!

DAS PFLICHTGEBET

Der Muslim verrichtet fünfmal täglich sein Pflichtgebet. Jedes einzelne Gebet steht für die Verehrung und die Lobpreisung Gottes und für die Dankbarkeit, die man Gott gegenüber empfindet. Diese drei arabischen Ausdrücke kommen in allen Teilen des Gebets wie auch in allen zum Gebet gehörenden Bewegungen und Worten vor:

Subhân-allâh	Gott sei gepriesen! (Gott ist vollkommen.)
Allâhu akbar	Gott ist groß!
al-Hamdu li-llâh	Lobpreis (und Dank) sei Gott!

Nach jedem Gebet werden diese drei Aussprüche jeweils 33-mal wiederholt, damit das Gebet vervollständigt wird. Warum genau 33-mal? Diese Zahl hat möglicherweise für Gott einen besonderen Stellenwert. Denn 3x33=99 entspricht auch der Anzahl der Schönen Namen Gottes.

Was sagt dieses Bild aus?

Aufgaben

1) Das Pflichtgebet wird täglich fünfmal verrichtet. Wie nennt man die einzelnen Gebete? Zu welchen Tageszeiten werden sie vollzogen? Wie ist das Pflichtgebet aufgebaut? Fülle dazu die Tabelle unten aus!
2) Hast du schon einmal die drei Aussprüche oben mit Hilfe der Gebetskette jeweils 33-mal wiederholt? Was hast du dabei gefühlt?
3) Für die Verrichtung des Pflichtgebets müssen insgesamt 12 Voraussetzungen erfüllt werden. Schlage in religiösen Büchern nach, und schreibe sie auf!

Gebetsname					
Gebetszeit					
Anzahl der *Rak'at*					

DIE UNTERSCHIEDLICHEN ARTEN VON GEBETEN (*SALÂH*)

Die Pflichtgebete (*Fard*-Gebete)

Zu ihnen gehört neben dem fünfmal täglich zu verrichtenden Pflichtgebet auch das Freitagsgebet. Das Freitagsgebet ist für Frauen nicht verpflichtend; sie können es aber verrichten, wenn sie es wünschen. Auch das Totengebet ist ein Pflichtgebet. Wenn einige Muslime das Totengebet verrichten, werden damit die anderen Muslime von der Pflicht befreit, es ebenfalls verrichten zu müssen.

Die *Sunna*-Gebete

Dazu gehören die Gebete, die vor oder nach den fünf Pflichtgebeten verrichtet werden, und das *Tarâwîh*-Gebet (das nach dem Nachtgebet und vor dem *Witr* im Monat Ramadan verrichtet wird).

Die notwendigen Gebete (*Wâdschib-Gebete*)

Zu ihnen gehören die Festgebete an religiösen Festtagen (Ramadan- und Opferfest) und das *Witr*-Gebet (das zwischen Nachtgebet und Morgengrauen verrichtet wird).

Die freiwilligen *Sunna*-Gebete

- Das *Salât ad-duha* (das Vormittagsgebet, das ca. eine Stunde nach Sonnenaufgang bis eine Stunde vor dem Mittagsgebet verrichtet wird)
- Das *Salât al-awwâbîn* (das zwischen Abend- und Nachtgebet verrichtet wird)
- Das *Tahadschud*-Gebet (das mitten in der Nacht verrichtet wird - als Unterbrechung des Schlafes nach dem Nachtgebet)

Außer diesen Gebeten gibt es noch zwei weitere Arten von Gebeten:

- Das Bittgebet (*Du'â*)
- Das Gedenken Gottes (*Dhikr*)

Das Gebet ist die wichtigste Form der Anbetung, denn es zeigt die Aufrichtigkeit des Menschen und seine Treue gegenüber Gott. Dem Propheten Muhammad zufolge ist es die Säule des Islams und damit die wichtigste Stütze des religiösen Lebens.

Aufgaben

1) Kennst du noch weitere Gebete?
2) Erstelle eine Tabelle, und notiere darin alle Gebete und ihre Zeiten!

DIE PFLICHTABGABE (*ZAKÂT*)

Muslime,
die einander lieben und miteinander fühlen, sind wie ein einziger Körper. Wenn eines seiner Glieder Qualen leidet, so fühlt es ihm der ganze Körper mit Schlaflosigkeit und Schmerz nach.
(Bukhari, Muslim)

Hadith

Und verrichtet das Gebet, und gebt die *Zakât*, und was ihr für euch an Gutem vorausschickt, das werdet ihr bei Gott vorfinden. Wahrlich! Gott sieht wohl, was ihr tut.
(2:110)

Koranvers

Zakât heißt auf Deutsch Pflichtabgabe und bedeutet vom arabischen Wortstamm her Wachstum und Reinigung. Wenn man mehr Vermögen hat, als man für sein Leben braucht, soll man davon eine festgelegte Summe den bedürftigen Menschen geben.

Die Pflichtabgabe beträgt 2,5% des Barvermögens. Dazu gehört alles außer einer Wohnung, einem Auto, Gold (bis 96 Gramm) und Bedürfnissen, die zum täglichen Leben gehören. Empfänger der Pflichtabgabe sind Menschen, die kein Vermögen besitzen. (vgl. 9:60; 9:103)

Aufgaben

1) Es gibt bestimmt im Koran weitere Verse über die *Zakât*. Schlage nach, und suche dazu noch drei Koranverse heraus!
2) Weißt du, ob deine Eltern spenden! Wenn ja, an wen?
3) Wenn du viel Geld hättest, wem würdest du deine *Zakât* geben?
4) Kann man die *Zakât* in Deutschland auch Arbeitslosen geben? Diskutiere mit deinem Nachbarn!
5) Erstelle eine Broschüre bzw. ein Plakat zu einer Hilfsorganisation deiner Wahl, die *Zakât* sammelt und an Bedürftige weiter gibt!
6) Warum beschreibt der Prophet Muhammad die Muslime als einen einzigen Körper? Was hat dieser Vergleich mit der *Zakât* zu tun?

ICH BIN DIE *ZAKÂT*: DIE BRÜCKE DES ISLAMS

Ich befreie die Menschen von übertriebener Liebe zu materiellen Dingen. Meine Religion möchte, dass der Mensch durch mich sein Herz reinigt und sich so Gott zuwendet.

Ich habe mit dem arabischen Wort *Mal* (Vermögen), das aus dem Wort *Mayl* (Neigung, Hinwendung) abgeleitet worden ist, zu tun. Daraus folgt, dass sich ein Mensch, der mich entrichtet, von der Liebe zu weltlichen Dingen abwendet und Gott zuwendet. Den wahren Lohn für diese wichtige Opferbereitschaft wird er im kommenden Leben erhalten.

***Zakât* - Pflichtabgabe**

Ich befreie die Gesellschaft aus der Armut. Auch verhindere ich dadurch Verbrechen wie Diebstahl und Raub. Also beseitigt der Islam durch mich soziale Ungerechtigkeit.

In einer Gesellschaft, in der die Armen nicht beachtet werden, gelten alle Reichen automatisch als die Bösen. Dies kann zu sozialen Problemen führen. Das bekräftigt auch folgender Koranvers:

Und spendet auf dem Wege Gottes, und stürzt euch nicht mit eigenen Händen ins Verderben, und tut Gutes! Wahrlich, Gott liebt diejenigen, die Gutes tun.
(2:195)

Aufgaben

1) Warum sollen Muslime die Pflichtabgabe entrichten? Nenne fünf Gründe!
2) Wer in deiner Umgebung könnte ein *Zakât*-Empfänger sein? Nenne bitte drei Beispiele!
3) Die *Zakât* besitzt noch viele weitere positive Seiten. Suche diese im Internet oder in Büchern heraus, und liste sie auf!

DAS FASTEN

Das .... ist die vierte religiöse Pflicht der Muslime, die sie im Monat .... erfüllen. Muslime essen und trinken nicht während des Fastens von Beginn der .... bis zum Sonnenuntergang.

Der Monat Ramadan, der 9. Monat des islamischen Kalenders, hat 29 oder 30 Tage. Er wird mit Hilfe des .... bestimmt, dessen Jahr um 11 Tage kürzer ist als das Jahr des Sonnenkalenders. Somit verschiebt sich der Monat Ramadan von Jahr zu Jahr und fällt im Laufe der Jahre in jede Jahreszeit: in den Winter, Herbst, Sommer und Frühling.

Anfang und Ende des Fastenmonats werden durch das Sichten des Neumondes festgestellt. Die 27. Nacht des Ramadans gilt als „die Nacht der Bestimmung". In dieser Nacht wurden dem Propheten Muhammad durch den Engel .... die ersten Koranverse (96:1-5) übermittelt. Die 97. Sure des Korans weist auf die Bedeutung dieser Nacht hin. Im Gedenken an diese erste Offenbarung des Korans verbringt man die Nacht im Gebet und im Gedenken an Gott. Beendet wird der Fastenmonat mit dem .... (*´Idu-l-fitr*).

Kranke oder .... sind von den Pflichten ausgenommen - sie müssen aber die verpassten Fastentage später nachholen. Kinder und .... brauchen nicht zu fasten.

Mondkalenders

Schwache

Ramadan

Morgendämmerung

Gabriel

Reisende

Fasten

Ramadanfest

Aufgaben

1) Wie lauten die ersten Koranverse? Finde sie im Koran, und schreibe sie auf!
2) Finde die 97. Sure im Koran, und schreibe sie auf!

RAMADAN-LEXIKON

✓ **Viele Begriffe zum Ramadan sind so wichtig, dass man sie lernen sollte. Ordne deshalb zuerst die Begriffe im Kästchen den Erklärungen zu! Setzt euch danach zu zweit zusammen, und fragt euch gegenseitig die Begriffe ab!**

__________ Dies ist die vierte religiöse Pflicht der Muslime. Jedes Jahr müssen sie dieser Pflicht einen Monat lang nachkommen. Sie verzichten dann von Beginn der Morgendämmerung bis zum Sonnenuntergang auf den Genuss von Nahrung und Getränken.

__________ Mit ihm fordert der *Muezzin* die Muslime (vom Minarett der Moschee aus) fünfmal täglich zum Gebet auf. Er heißt auf Arabisch Adhan.

__________ Traditionell wird das Fasten gebrochen, indem man zuerst diese Frucht isst.

__________ Dieses Buch ist das heilige Buch des Islams. Es gilt als das wahre Wort Gottes, das dem Propheten Muhammad offenbart wurde.

__________ Wenn die Muslime um sie bitten, vergibt Gott ihnen die Sünden, die sie begangen haben.

__________ Wenn ein Mensch Gutes tut und sich ernsthaft darum bemüht, das Wohlgefallen Gottes zu finden, erhält er sie von Gott. Deshalb sollte man die Gebote und Verbote Gottes beachten.

__________ Sie sorgt dafür, dass sich die Muslime gegenseitig besuchen.

__________ So heißt die Mahlzeit, mit der bei Sonnenuntergang das Fasten gebrochen wird.

__________ Diese Mahlzeit ist das Nachtessen. Im Ramadan ist es üblich, dass die Muslime nachts noch einmal aufstehen und essen. Dies ist ihnen bis kurz vor der Morgendämmerung erlaubt.

__________ So heißt die Zeit unmittelbar vor der Morgendämmerung, die den Beginn der täglichen Fastenzeit einläutet.

__________ So wird das *Sunna*-Gebet aus 20 *Rakats* (Gebetseinheiten) genannt, das im Monat Ramadan nach dem Nachtgebet verrichtet wird.

__________ Sie ist der Gebets- und Versammlungsort der Muslime. Im Ramadan wird sie von Muslimen besucht. In ihr wird der Koran gelesen und das *Tarawih*-Gebet verrichtet.

__________ Damit ist das laute gegenseitige Vorlesen des Korans in der Moschee gemeint.

__________ Sie ist die 27. Nacht des Monats Ramadan. In dieser Nacht wurden dem Propheten Muhammad durch den Engel Gabriel die ersten Koranverse herabgesandt. Um dieses Ereignis zu ehren, verbringen Muslime die Nacht alljährlich im Gebet und im Gedenken an Gott.

__________ Anfang und Ende des Fastenmonats werden durch seine Sichtung festgestellt.

__________ Sie wird während des Ramadans den Armen gegeben.

Gebetsruf
Fasten
Einladung
Belohnung
Fastenbrechen
Neumond
Vergebung
Dattel
Die Nacht der Bestimmung
Sahur
Imsak
Koran
Tarawih
Spende
Moschee
Mukabala

WENN ICH DEN WECKRUF NICHT HÖRE

Zum Text: *Semras Erinnerung an die Fastenzeit in der türkischen Heimat verdeutlicht, dass Fasten für muslimische Kinder kein lästiger Zwang sein muss, sondern mit Freude und Stolz verbunden sein kann.*

Ramadan, der Fastenmonat der Muslime, hat wieder begonnen. Aber hier in Deutschland ist das nicht so schön wie in der Heimat. Semra hat sich auf die Fastenzeit immer gefreut. Sie erinnert sich besonders an ihr letztes Ramadanfest, das sie noch in der Türkei erlebt hat:

Es ist Abend. Die Familie sitzt mit Nachbarn und Verwandten beim Tee auf dem Balkon. Sie sprechen von den Erlebnissen des Tages, von der Politik, von den Lebensmitteln, die immer teurer werden und lassen sich von den Kindern erzählen, was sie heute in der Schule gelernt haben. Vater spielt mit dem Nachbarn Tavla; das ist ein altes türkisches Brettspiel, das bei uns Backgammon heißt. Immer, wenn die Würfel fallen, gibt es fröhliche oder wütende Kommentare.

Aber Semra kann an diesem Abend weder beim Spiel zuschauen, noch den Gesprächen zuhören und sich schon gar nicht auf ihre Handarbeit konzentrieren. Unruhig zappelt sie auf ihrem Stuhl, sie will ins Bett. Sie hofft, dass die Nacht mit Schlaf schneller vorbeigeht. Alle wundern sich zwar, als Semra entschlossen „Iyi geceler", das heißt „Gute Nacht", sagt, denn wann sagt ein Kind schon freiwillig „Gute Nacht"? Aber die Mutter lächelt, sie kann Semras Unruhe verstehen.

Nun liegt sie im Bett, aber auch von Schlaf kann keine Rede sein. Sie denkt nach: Was ist, wenn ich heute Nacht den Weckruf nicht höre! Vielleicht hört ihn Hatice, sie weckt mich dann sicher. Aber ich will den Trommler als Erste hören. So beschließt sie, diese Nacht der Fastenzeit doch wachzubleiben, um dann stolz die anderen wecken zu können.

Als die Mutter wenig später leise die Tür öffnet, schläft Semra schon fest. Sie träumt: Sie flieht vor etwas Unbekanntem und klopft heftig an eine Tür, um eingelassen zu werden. Sie klopft stärker, hämmert gegen die Tür. Das dumpfe Schlagen ist jetzt ganz deutlich zu hören. Nein, das ist kein Traum mehr! Semra ist hellwach. Da ist er, der Trommler, der durch alle Gassen zieht. Mit seinem Paukenschlag macht er die ganze Stadt wach und erinnert an das nächtliche Essen. Semra zieht sich schnell an und geht in die Küche. Aber sie ist nicht die Erste. Die Mutter hat schon den Tisch gedeckt. In wenigen Minuten werden alle ein wenig verschlafen, aber fröhlich um die Schüsseln sitzen und ihre letzte Mahlzeit einnehmen, bevor die aufgehende Sonne einen neuen Fastentag ankündigt.

Heide Hansen

Aufgabe

- Was sagt der Text über den Ablauf eines Fastentages?

Quelle: Monika und Udo Tworuschka, Vorlesebuch, Fremde Religionen, Patmos, 1993

BERICHT ÜBER DEN ABLAUF EINES FASTENTAGES

✓ **Man kann den Ablauf eines Fastentages in verschiedenen Formen darstellen. Lies dazu die folgenden Abschnitte durch. Entscheide dich für eine der vier Möglichkeiten, und vervollständige sie!**

Brief: Du hast von deinem Freund Uwe einen Brief bekommen. Da er im Unterricht ein Referat über das Fasten der Muslime im Ramadan halten soll, benötigt er einige Auskünfte von dir. Vor allem möchte er wissen, wie Muslime ihre Fastentage verbringen.
Was würdest du ihm schreiben?

Hallo Uwe!
Du möchtest einige Informationen über den Ramadan.
OK, kannst du haben:
Morgens stehen wir schon früh ....

Zeitungsbericht: Die Hammer Zeitung „Westfälischer Anzeiger" wird einen Bericht über das Fasten im Ramadan veröffentlichen. Dazu braucht sie aber knappe und präzise Informationen über den Ablauf eines typischen Fastentages. Wie würdest du so einen Tag beschreiben?

Wie jedes Jahr bereiten sich auch diesmal die Muslime auf das Fasten vor. ....

Bilder malen: Male fünf Bilder, in denen du den Ablauf eines Fastentages darstellst! (Z.B.: Dattel für Fastenbrechen)

Dialog: Dialog bedeutet: Gespräch zwischen zwei Menschen. Dein Freund Uwe möchte, dass du ihm erzählst, wie deine Tage im Fastenmonat Ramadan aussehen. Schildere ihm in Form eines Dialogs, wie der Ablauf eines Fastentages aussieht. Antworte dabei auf Fragen, die du für ihn formulierst!

Uwe: *Wie sieht ein Fastentag normalerweise aus?*

Ich: *Wir essen und trinken den ganzen Tag nichts.*

Uwe: ....

Ich: ....

WAS UNS EIN TELLER SPEISE ABVERLANGT

Alles, was mit unserem Leben zu tun hat, ist von Gott für uns erschaffen worden. Deshalb nehmen wir alles, was uns umgibt, als Gottes Gaben wahr. (Z.B. Wasser, Sonne, Erde, Licht, Luft, Pflanzen, Tiere usw.) All diese Gaben befinden sich in einem Gleichgewicht. Jede einzelne Gabe ist von den anderen abhängig. Man nennt diese gegenseitige Abhängigkeit auch ökologisches Gleichgewicht. Auch Obst und Gemüse - Speisen generell sind Gottes Gaben. Dafür sollten wir Gott, dem wahren Ernährer, danken.

Jedesmal, wenn wir einen Teller Speise essen, sollten wir folgende vier Punkte berücksichtigen, die in einem Hadith vorkommen:

1) das Essen mit dem Namen Gottes beginnen (*Bismillah* sagen),
2) Gott nach dem Essen danken (*Alhamdulillah* sagen),
3) unser tägliches Brot mit erlaubten (*Halal*) Mitteln verdienen und
4) dazu bereit sein, mit armen Menschen zu teilen.

Was verlangt denn Gott von uns als Gegenleistung für all seine Gaben? Er verlangt nicht viel von uns: nur, dass wir wir Ihm danken und an Ihn denken.

Aufgaben

1) Was verlangt Gott von uns für Seine wertvollen Gaben?
2) Inwieweit haben *Zakât* und Fasten mit dem Hadith oben zu tun!
3) Zu welchen Gelegenheiten kann man *„Bismillah“* sagen?
4) Wann soll man Gott und den Menschen danken? Gib einige Beispiele!
5) Welche der vier Punkte oben beziehen sich auf den Menschen selbst, welche auf die Gesellschaft und warum?

NUTZEN DES RAMADAN-FASTENS FÜR MENSCH UND GESELLSCHAFT

Besuche von Friedhöfen

Stärkung des Zusammenlebens

Stärkung der Hilfsbereitschaft

Förderung der sozialen Gerechtigkeit

Teilen mit armen Menschen

gesundes Leben

Fernhalten von schlechten Gewohnheiten

zur Ruhe finden

Stärkung der persönlichen Entwicklung

persönliche Erziehung

gegenseitige Besuche

Förderung der Liebe, des Respekts und der zwischenmenschlichen Beziehungen

Aufgaben

1) Setze die einzelnen Satzteile wie im unteren Beispiel sinnvoll zusammen!

Beispiel: *Teilen mit armen Menschen* **fördert** die soziale Gerechtigkeit.

____

____

____

____

2) Erkläre mit Hilfe dieser Sätze, welche Bedeutung der Ramadan für die einzelnen Menschen und die Gesellschaft hat!

DER ISLAMISCHE KALENDER

In den westlichen Ländern und natürlich auch in Deutschland wird die Zeit nach dem Sonnenkalender berechnet. Dieser Kalender richtet sich nach der Sonne; er zählt 365 Tage pro Jahr und unterteilt die Zeit in zwei Abschnitte: nämlich in die Zeit vor und nach der Geburt Christi.

Im Gegensatz zum Sonnenkalender basiert der islamische Kalander auf dem „Mondjahr", das aus zwölf Monaten besteht. Ein Monat dauert ca. 29,5 Tage, was der Zeitspanne von einem bis zum nächsten Neumond (auf Arabisch: hilal) entspricht. Damit hat das Jahr des islamischen Kalenders 354 (genauer gesagt: 29,5 x 12) Tage. Weil Monate aber natürlich keine halben Tage haben können, entschied man sich ähnlich wie beim Sonnenkalender dafür, abwechselnd 29-tägige und 30-tägige Monate aufeinander folgen zu lassen. Der erste Tag des islamischen Kalenders war der 1. Muharram des Jahres 622. In diesem Jahr wanderte der Prophet Muhammad von Mekka nach Medina aus. Die Auswanderung (Hidschra) ist also der Beginn des islamischen Kalenders.

Gegenüber dem Sonnenjahr verschiebt sich das Mondjahr des islamischen Kalenders Jahr für Jahr um 11 Tage nach hinten, da es knapp 11 Tage kürzer ist. Alle religiösen Festtage richten sich nach dem islamischen Kalender.

Die Umrechnung von Jahreszahlen der beiden Kalender ist nicht so ganz einfach:

Vom Mondjahr ins Sonnenjahr

Teile das Mondjahr durch 33:	1420:33 = 43
Subtrahiere das Ergebnis vom Mondjahr:	1420-43 = 1377
Addiere zum Ergebnis 622:	1377 + 622 = 1999

Vom Sonnenjahr ins Mondjahr

Subtrahiere vom Sonnenjahr die Zahl 621:	2008-621 = 1387
Teile das Ergebnis durch 33:	1387:33 = 42
Addiere zum Ergebnis 1387:	1387+42 = 1429

Die Monate des islamischen Kalenders heißen im Einzelnen:

Muharram	Radschab
Safar	Scha'ban
Rabi I	Ramadan
Rabi II	Schauwal
Dschumada	Dhul-Qa'da
Dschumada II	Dhul-Hidschscha

Aufgaben

1) Warum kommt der Ramadan dieses Jahr 10 oder 11 Tage früher als im vorigen Jahr?
2) Vergleiche die Monate des Sonnen- und Mondkalenders miteinander, und erstelle dazu eine Tabelle!
3) Finde mit Hilfe der Umrechnungstabelle heraus, wann du nach der Hidschra (dem Mondkalender) geboren bist!

DIE PILGERFAHRT im Überblick

1 *IHRAM* UND *UMRA*
Man formuliert die Absicht, die Pilgerfahrt zu verrichten, und tritt in den *Ihram*-Zustand ein. In Mekka angekommen, vollzieht man zuerst die kleine Pilgerfahrt *(Umra)*, die aus *Tawaf und Sa`y* besteht. Mit dem Schneiden der Haare wird der heilige *Ihram*-Zustand aufgehoben. Die nächsten Tage verbringt man mit Beten und vollzieht mehrmals den *Tawaf*.

2 ZWEI TAGE VOR DEM OPFERFEST
Zwei Tage vor dem Opferfest tritt man erneut in den *Ihram*-Zustand ein. Diesmal formuliert man die Absicht, die Pflichtpilgerfahrt zu vollziehen, und verrichtet das *Ihram*-Gebet. (Wenn die Möglichkeit besteht, vollzieht man nach einem freiwilligen *Tawaf* den Pflicht-*Sa`y*). Anschließend steigen die Pilger auf den Berg Arafat.

MINA

MUZDALIFA

3 MINA
Nach Vorbild des Propheten geht man zwei Tage vor dem Opferfest im Anschluss ans Morgengebet nach Mina, übernachtet dort und macht sich dann auf zum Berg Arafat. In der heutigen Zeit aber fährt man, weil so große Menschenmassen unterwegs sind, mit dem Bus direkt zum Berg Arafat.

4 *WAQFA* AM BERG ARAFAT
Nach dem Mittagsgebet verrichtet man direkt das Nachmittagsgebet. Dann stellt man sich in Richtung der Kaaba auf *(Waqfa)* und spricht Bittgebete. Nach Sonnenuntergang macht man sich auf den Weg nach Muzdalifa.

5 *WAQFA* IN MUZDALIFA
In Muzdalifa verrichtet man das Abendgebet zusammen mit dem Nachtgebet. Danach sammelt man 70 Steinchen für die Steinigung des Teufels. Am kommenden Morgen spricht man nach dem Morgengebet auch hier und auch im Stehen Bittgebete. Dann geht es weiter nach Mina.

6 *STEINIGUNG DES TEUFELS*
In Mina wirft man sieben Steinchen auf den großen Teufel *(Akaba)*. Hier hält man sich nicht auf und betet im Gehen. Anschließend wird das Opfertier geschlachtet und werden die Haare geschnitten. Damit wird der heilige *Ihram*-Zustand aufgehoben.

7 PFLICHT-*TAWAF* UND STEINIGUNGEN
Am ersten Tag des Opferfestes vollzieht man den Pflicht-*Tawaf* und außerdem auch den *Sa`y* (wenn man ihn nicht schon vorher vollzogen hat). Am zweiten und dritten, eventuell sogar am vierten Tag des Opferfestes steinigt man dann den kleinen, mittleren und großen Teufel noch einmal mit jeweils sieben Steinchen.

8 ABSCHIEDS-*TAWAF*
Bevor man sich von Mekka verabschiedet, vollzieht man den Abschieds-*Tawaf*. Wer seine Pilgerfahrtspflicht erfüllt hat, fliegt in die Heimat zurück oder fährt nach Medina, um den Propheten zu besuchen.

Masdschid an-Nabawi in Medina

EIN BRIEF VON DER PILGERFAHRT

Hallo, liebe Lena!

Wie geht es dir? Mir geht es gut. Wir sind bereits wieder am Flughafen von Dschidda. Da wir noch einige Stunden bis zum Abflug nach Düsseldorf warten müssen, habe ich beschlossen, dir einen Brief über unsere Pilgerfahrt zu schreiben. Du wolltest ja - wie alle anderen Bekannten auch - erfahren, was wir auf der Hadsch erlebt haben. Nun werde ich dir alles berichten.

In den nächsten Tagen besuchten wir oft die Kaaba, um dort zu beten. Zwei Tage vor dem Opferfest mussten wir dann wieder in den Ihram-Zustand eintreten, weil wir ja die Pflichtpilgerfahrt vollziehen wollten. Später machten wir uns mit dem Bus auf den Weg zum Berg Arafat (etwa 15 km), wo wir in Zelten übernachteten. Nachmittags dort zu stehen (Wagfa), ist der Höhepunkt der Pilgerfahrt. Dabei sprachen wir auch Bittgebete.
Fasziniert sah ich mir die Hunderttausende von Menschen mit den unterschiedlichsten Nationalitäten, Sprachen und Kulturen an. In ihrer Ihram-Kleidung sind sie alle gleich. Es gibt keine üble Nachrede, keine Beleidigungen und auch keine Herabwürdigungen. Alle haben größten Respekt voreinander. Es ist, als würden sich die Menschen auf die Auferstehung im Jenseits vorbereiten und Gott Rechenschaft von ihrem Tun auf Erden ablegen - ein ganz und gar überwältigendes Gefühl.

Im Islam muss jeder geistig und körperlich gesunde erwachsene Muslim einmal im Leben die heiligen Stätten in Mekka besuchen. Das gilt aber nur für Menschen, die auch genügend Geld für die Versorgung der Familie zur Verfügung haben. Arme Menschen brauchen die Pilgerfahrt also nicht zu vollziehen. Schon zu Hause war ich sehr aufgeregt. In den letzten Tagen vor der großen Reise hatten wir außerdem auch noch viel Besuch.

Während des 5-stündigen Fluges nach Dschidda begeisterte mich das Sprechen des Talbiya-Gebets, das mit den Worten „Labbayk allahumma labbayk..." (Hier bin ich, Dir zu Diensten, o Gott. Hier bin ich, Dir zu Diensten) beginnt. Es wurde immer wieder verrichtet. Von Dschidda aus fuhren wir zwei Stunden mit dem Bus nach Mekka ins Hotel. An der Stadtgrenze bei Mekka wurden uns Muffins und das Zamzam-Wasser angeboten, das ich zum ersten Mal in meinem Leben probierte. In der Heiligen Moschee (Masdschid al-Haram) von Mekka gingen wir nun siebenmal um die Kaaba herum (Tawaf) und sprachen dabei Gebete. Dort ist es wirklich nicht gerade menschenleer. Wenn man die Möglichkeit findet, sollte man nach der siebten Runde am „Platz Ibrahims" (Magam Ibrahim) zwei Rak'at beten. Dann wanderten wir zwischen den beiden Hügeln Safa und Marwa ganz in der Nähe der Kaaba dreimal hin und her und dann ein weiteres Mal hin (Sa'y). Das war zwar ziemlich anstrengend, macht einem Pilger aber nicht so viel aus. Die kleine Pilgerfahrt endet mit dem Schneiden der Haare. Damit wird der Zustand des Ihram erst einmal aufgehoben.

In unseren zwei Tagen in Mekka sind wir den Spuren der Propheten gefolgt und haben Orte und Moscheen besucht, die im Leben des Propheten Muhammad eine wichtige Rolle gespielt haben. Nach dem Abschieds-Tawaf um die Kaaba - mit ihm endete die Pflichtpilgerfahrt - ging es weiter nach Medina (ungefähr 450 km) zur Moschee des Propheten Muhammad (Masdschid an-Nabawi), in der sich auch sein Grab befindet. Wie schön doch die Moschee mit ihren beleuchteten Minaretten und der grünen Kuppel am Abend aussah! Ich habe überhaupt nicht gemerkt, wie die Zeit dahinfloss. Zwar werden wir bald abreisen, aber meine Seele ist auch jetzt noch an den heiligen Stätten. Soweit meine ersten Eindrücke. Manche Gefühle kann man aber einfach nicht erklären, sondern nur erleben. Ich freue mich so, dich wieder zu sehen und dir weitere Einzelheiten zu schildern.

Mit vielen lieben Grüßen,
deine beste Freundin Betül
07. 01. 2007, Dschidda

Nach Sonnenuntergang ging es mit dem Bus weiter nach Muzdalifa (etwa 6 km), wo wir Steinchen sammelten und übernachteten. Nach einem im Stehen gesprochenen Gebet (Wagfa) im Anschluss an das Morgengebet wanderten wir zu Fuß nach Mina (etwa 4 km). Dort warfen wir am ersten Tag des Opferfestes symbolisch sieben Steinchen (Dschamra) auf den großen Teufel (Agaba).

Wenn man die um Mekka gezogene Grenzlinie (Miqat) überquert, müssen die Männer ihre so genannte Ihram-Kleidung anziehen. Das ist ein aus zwei ungenähten Tüchern bestehendes Pilgergewand. Für Frauen gilt übliche Kleidung. Man befindet sich dann in einem heiligen Zustand, den man Ihram nennt. Wir Pilger aus Deutschland fliegen mit dem Flugzeug über diese Linie. Deshalb hatte mein Vater, so wie die anderen Männer auch, seine Ihram-Kleidung schon am Flughafen Düsseldorf angezogen. Daraufhin hatten wir unsere Absicht, die Tamattu-Pilgerfahrt zu vollziehen, formuliert. Bei dieser speziellen Form der Pilgerfahrt vollzieht man zuerst die kleine Pilgerfahrt (Umra) und dann die Pflichtpilgerfahrt (Hadsch). Anschließend hatten wir auch das Ihram-Gebet von zwei Rak'at (Gebetseinheiten) verrichtet. Im Ihram-Zustand darf man einige Dinge nicht tun, z.B. jagen, Haare und Nägel schneiden, geschlechtliche Beziehungen haben, die Füße, den Kopf (Männer) und das Gesicht bedecken, genähte Kleidung tragen (Männer) und Parfüm benutzen.

Zurück in Mekka gingen wir – auch das ist Pflicht – wieder siebenmal um die Kaaba herum und wanderten erneut zwischen den Hügeln Safa und Marwa hin und her. In Mina waren außerdem im Auftrag meiner Eltern auch Opfertiere geschlachtet worden. Zum Schluss wurden uns noch einmal die Haare geschnitten, und der heilige Zustand wurde wieder aufgehoben. Am zweiten und dritten Tag des Opferfestes steinigten wir dann den kleinen, mittleren und großen Teufel noch einmal mit jeweils sieben Steinchen, sodass wir insgesamt mit den sieben Steinchen vom ersten Tag 49 Steinchen geworfen hatten. Keine Angst, es handelte sich nicht um echte Teufel, sondern nur um Säulen. Diese Säulen symbolisieren den Teufel, der einst von Ismail und Hadschar, dem Sohn und der Frau des Propheten Ibrahim, gesteinigt wurde. Wie du siehst, gehören zur Pilgerfahrt vor allem drei Pflichten, die wir mit großer Begeisterung erfüllt haben: der Ihram-Zustand, das Stehen auf dem Berg Arafat (Wagfa) und das Umschreiten der Kaaba (Tawaf).

Aufgaben

1) Lies dir die Textfetzen durch, und unterstreiche dabei die wichtigsten Stationen der Pilgerfahrt!
2) Setze dann die Textfetzen in der richtigen Reihenfolge zusammen, und klebe sie in dein Heft!
3) Nenne die drei Hauptpflichten der Pilgerfahrt, und erkläre sie kurz!
4) Erkläre den Ablauf der Pilgerfahrt, wie sie Betül vollzogen hat!
5) Welche Orte werden im Brief erwähnt, und was wird dort getan?
6) Sammle weitere Informationen von Bekannten aus deinem Umfeld und vergleiche, ob sie ähnliche Erfahrungen bei der Pilgerfahrt gemacht haben!

DIE PILGERFAHRT (*HADSCH*)

Die Reihenfolge ist durcheinander geraten.
Stelle bitte die richtige Ordnung wieder her!

Die Pilgerfahrt in Reihenfolge:

(1) Die Pilger treten zwei Tage vor dem Opferfest in den *Ihram*-Zustand ein. Sie formulieren die Absicht, die Pflichtpilgerfahrt zu vollziehen.

( ) Nach Sonnenuntergang kommen sie nach Muzdalifa (etwa 6 km), wo sie 70 Steinchen sammeln und übernachten. Am kommenden Morgen sprechen sie dort nach dem Morgengebet ebenfalls im Stehen ihre Bittgebete.

( ) Zurück in Mekka gehen sie siebenmal um die Kaaba herum (*Tawaf*).

( ) Am Festtagsmorgen gehen sie nach Mina (etwa 4 km). Dort werfen sie am ersten Tag des Opferfestes symbolisch sieben Steinchen auf den großen Teufel.

( ) Nach dem Abschieds-*Tawaf* endet die Pilgerfahrt.

( ) In Mina werden im Auftrag der Pilger Opfertiere geschlachtet.

( ) Zum Schluss werden ihnen die Haare geschnitten, und der heilige Zustand wird aufgehoben.

( ) Anschließend ziehen sie zum Berg Arafat (etwa 15 km). Am Tag vor dem Opferfest sollten sie bis zum Mittagsgebet dort sein. Nachmittags stehen sie am Berg (*Waqfa*) und sprechen Bittgebete.

(7) Sie wandern zwischen den Hügeln Safa und Marwa dreimal hin und her und dann ein weiteres Mal hin (*Sa'y*).

( ) Am zweiten und dritten, sogar am vierten Tag des Opferfestes steinigen sie dann den kleinen, mittleren und großen Teufel noch einmal mit jeweils sieben Steinchen, sodass sie insgesamt mit den sieben Steinchen vom ersten Tag 49 oder 70 Steinchen werfen.

MINI-LEXIKON ZUR PILGERFAHRT

Zamzam	Umra	Miqat	Waqfa
Talbiya	Ihram	Rak`at	Dschamra
Tawaf	Sa`y	Tamattu	Hadsch

__________ Die Pilgerfahrt.

__________ Das aus zwei ungenähten Tüchern bestehende Pilgergewand, das man während des heiligen Zustands trägt.

__________ Die um Mekka gezogene Grenzlinie, ab der Männer eine besondere Kleidung tragen müssen.

__________ Eine spezielle Form der Pilgerfahrt, bei der man zuerst *Umra* und dann *Hadsch* vollzieht.

__________ Die kleine Pilgerfahrt, die aus *Tawaf* und *Sa`y* besteht.

__________ Das besondere Wasser in Mekka.

__________ Gebetseinheit.

__________ Ein Gebet, das man ab dem Eintreten in den Ihram-Zustand bis zur Steinigung des großen Teufels am ersten Tag des Opferfestes mehrmals spricht. Es beginnt mit *„Labbayk allahumma labbayk…"* (Hier bin ich, Dir zu Diensten, o Gott. Hier bin ich, Dir zu Diensten).

__________ Das siebenmalige Herumgehen um die Kaaba.

__________ Das Wandern zwischen den Hügeln Safa und Marwa ganz in der Nähe der Kaaba dreimal hin und her und dann ein weiteres Mal hin.

__________ Das Stehen auf dem Berg Arafat und in Muzdalifa.

__________ Steinchen, das auf den Teufel symbolisch geworfen wird.

Aufgabe

- Ordne die arabischen Begriffe im Kästchen den Erklärungen zu! Setzt euch danach zu zweit zusammen, und fragt euch gegenseitig die Begriffe ab!

SUCHSEL

W	R	Z	U	H	G	F	A	B	C	I	L
Q	D	E	T	C	B	X	U	I	M	F	O
R	A	R	M	U	R	Z	F	Z	U	T	R
C	Y	T	L	A	G	I	R	A	L	A	D
M	A	P	W	R	E	H	T	M	U	M	Z
O	S	A	F	A	J	R	I	Z	W	A	G
F	W	G	I	F	B	A	V	A	Y	T	W
R	K	S	Y	A	K	M	U	M	L	T	L
K	I	X	G	T	A	Q	I	M	B	U	X
L	E	R	T	V	L	E	P	D	O	P	R

Aufgaben

1) In diesem Wortfeld verstecken sich 8 Begriffe über die Pilgerfahrt (senkrecht und waagerecht). Finde und male sie! Was erkennst du auf dem Suchsel?
2) Liste die herausgefundenen Namen in der linken Spalte auf! Schreibe dann die entsprechenden deutschen Übersetzungen in die rechte Spalte!

WICHTIGE MOSCHEEN DER MUSLIME

Die *Masdschid an-Nabawi* ist die Moschee des Propheten in Medina. Hier ist der Prophet Muhammad begraben.

Die *Masdschid al-Haram* in Mekka; die bedeutendste Moschee der Muslime. In ihrer Mitte befindet sich die Kaaba.

Die *Masdschid al-Quba* ist die erste Moschee des Islams bei Medina. Bei ihrem Bau half der Prophet Muhammad persönlich mit.

Die *Masdschid al-Aqsa* in Jerusalem ist die drittwichtigste Moschee der Muslime. Von hier aus brach der Prophet zu seiner Himmelsreise auf.

Die *Masdschid al-Ali* ist die Moschee von Ali in Medina und liegt direkt gegenüber der Masdschid an-Nabawi. Der dritte Kalif Ali betete und predigte hier.

Die *Masdschid al-Dschuma* ist die Moschee bei Medina, in der das erste Freitagsgebet verrichtet wurde.

Aufgaben

1) Worin liegt die jeweilige Besonderheit dieser Moscheen? Erstelle dazu eine Tabelle mit den Namen der Moscheen und ihren Besonderheiten!
2) Welche Rolle spielt die Moschee im Leben der Muslime?

FESTE IM ISLAM

Feste

freuen

Liebe

Muslime

Leben

Vergnügen

Älteren

Friedhöfen

verehren

Pilgerfahrt

besuchen

Speisen

Der Islam kennt zwei große Feste:

- ***Îdu l-fitr,*** das Fest des Fastenbrechens am Ende des Monats Ramadan, in dem die .... von Anfang der Morgendämmerung bis zum Sonnenuntergang fasten, und
- ***Îdu l-adhâ***, das Opferfest, das am 10. Dhu l-Hidscha stattfindet, dem letzten Monat des islamischen Jahres, in dem die .... vollzogen wird.

Muslime genießen an den Festtagen die Freude des Wiedersehens mit Verwandten und Freunden in einer freundschaftlichen Atmosphäre. Sie..................... sich gegenseitig und verbringen schöne Stunden miteinander. Familienangehörige, die aus verschiedenen Gründen in verschiedenen Städten getrennt voneinander leben, kommen zusammen. Sie..................... sich über die Köstlichkeiten, die sie sich gegenseitig auftischen.

Für Kinder haben religiöse .... noch viel größere Bedeutung. Sie empfinden in der warmen Atmosphäre der Feste eine andere Art von Freude und .... Auch die erwachsenen Muslime bereiten sich auf die Feste vor. Sie machen einen großen Hausputz und backen Blätterteigspezialitäten, die sie ihren Gästen während der Festtage anbieten. Außerdem werden viele weitere leckere .... vorbereitet.

Man kleidet sich in neue bzw. saubere Kleidung. Man beschenkt sich untereinander. Besonders den Kindern wird Freude bereitet. Verwandte und Bekannte besuchen sich gegenseitig. Die Jüngeren besuchen die .... und küssen ihnen, nach türkischer Tradition, die Hand. Andererseits sind die Älteren den Jüngeren gegenüber besonders aufmerksam. Dadurch werden die zwischenmenschlichen und gesellschaftlichen Beziehungen sowie das Verhältnis und Verständnis zwischen den Generationen gestärkt. Daneben besucht man auch kranke Menschen und verstorbene Menschen auf den ....

Die Menschen erleben eine tiefe innere Freude. Sie treffen sich und tauschen in einer gesegneten Atmosphäre Glückwünsche aus. Diese Atmosphäre von .... und Barmherzigkeit schenkt den Menschen neue Hoffnung. Weiterhin werden Muslime an diesen Tagen besonders dazu aufgerufen, Gott zu .... und ihre Beziehung zu Gott zu pflegen. Beide Feste nehmen einen besonderen Platz im .... der Muslime ein und hinterlassen in ihnen schöne Erinnerungen.

Aufgaben

1) Fülle die Lücken mit den Wörtern im Kasten!
2) Markiere die wichtigsten Begriffe im Text, und erzähle deinem Partner mit Hilfe dieser Begriffe von deinen Erlebnissen!
3) Berichte von deinen persönlichen Erfahrungen mit den Festtagen!

DAS OPFERN IN DER PRAXIS

Muslime schlachten Tiere, deren Fleisch sie essen, indem sie die Worte *bismi-llâh allâhu akbar* (Im Namen Gottes, Gott ist groß!) sprechen. Im Koran heißt es:

> *Esst von dem, worüber der Name Gottes ausgesprochen worden ist.* (6:118)

> Gott hat vorgeschrieben, alles möglichst gut zu machen. Wenn ihr schlachtet, dann schlachtet in rechter Weise; ihr sollt euer Schlachtmesser schärfen und es dem Schlachttier erträglicher machen.
>
> (Bukhari, Muslim, Abu Dawud, Tirmidhi)

Einige Opfervoraussetzungen

- Die Eingeweide der geschächteten Tiere dürfen nach der Schächtung nicht auf der Straße liegen gelassen werden.
- Es dürfen nicht mehrere Tiere gleichzeitig geschächtet werden, sondern nur hintereinander.
- Die Messer müssen geschärft sein.
- Die Schächtung muss schnell vonstatten gehen.
- Das Tier darf das Messer nicht sehen.
- Die Schächtung muss von einem Fachmann ausgeführt werden.
- Diese und weitere Bedingungen für die Schächtung der Tiere werden heutzutage auch in islamischen Ländern teilweise nicht beherzigt.

Das Opferfest beginnt am 10. Tag des islamischen Monats *Dhu l-Hidscha*. Das Opfertier kann nach Sonnenaufgang des ersten Tages (Festgebet) bis vor Sonnenuntergang des dritten Festtages geschächtet werden.

Das Fleisch des Opfertieres teilt man in Drittel auf: Ein Drittel ist für die eigene Familie gedacht. Ein weiteres Drittel verteilt man an Bekannte und Nachbarn, und das letzte Drittel spendet man den Armen. Außerdem kann man auch Juden und Christen vom Opferfleisch geben. So fordert der Islam zu sozialer Gerechtigkeit im gesellschaftlichen Leben auf.

Aufgaben

1) Wie findest du die Verteilung des Opferfleisches?
2) Frage in deinem Umfeld nach, wie man die Schächtung eines Opfertieres erlebt hat? Schreibe darüber einen Text!
3) Informiere dich noch ausführlicher über soziale Gerechtigkeit und finde heraus, mit welchen Mitteln der Islam sie fördert!

IST SCHÄCHTEN TIERQUÄLEREI?

Im Zusammenhang mit dem Schächten wird den Muslimen oft Tierquälerei vorgeworfen. Diese Praxis ist jedoch nicht mit einem Mord an den Tieren gleichzusetzen. Der Islam ist, was die Behandlung von Tieren betrifft, empfindsam und achtet sie sehr, da auch sie Geschöpfe Gottes sind. Im Koran steht aber auch geschrieben, dass die Tiere für den Menschen erschaffen wurden. Wenn nun zum Anlass des Opferfestes Tiere geschächtet werden, so dient dies in erster Linie der Anbetung Gottes und darf nicht als Tierquälerei missverstanden werden. Die Schächtung von Tieren erfolgt außerdem auch aus sozialen Gründen. Viele Menschen hatten weder zur Zeit des Propheten noch heutzutage genug Geld, um sich den Verzehr von Fleisch leisten zu können. Sie sollten von der Schächtung der Tiere profitieren. Für die gute Behandlung von Tieren gibt es in der islamischen Geschichte Beispiele. So wurden z.B. Stiftungen gegründet, die sich für das Wohl von Tieren einsetzten. Auch einige Hadithe beschäftigen sich mit diesem Thema.

- Nicht nur Muslime, sondern auch Juden dürfen ausschließlich geschächtetes Fleisch essen.

Der Prophet Muhammad erzählte seinen Gefährten:

Ein Mann war unterwegs, und es überfiel ihn großer Durst. Er fand einen Brunnen, stieg hinab und trank. Als er wieder nach oben stieg, fand er dort einen Hund mit ausgestreckter Zunge vor, der vor lauter Durst Staub aufleckte. Der Mann sagte: „Dieser Hund erleidet aus Durst das, was ich selbst erlitten habe." Er stieg wieder in den Brunnen hinab, füllte einen Schuh mit Wasser und hielt ihn mit dem Mund fest, bis er oben ankam. Dann tränkte er den Hund. Gott dankte es ihm und schenkte ihm Vergebung. Die Gefährten fragten: „O Gesandter Gottes, haben auch wir in Bezug auf die Behandlung von Tieren einen Lohn zu erwarten?" Er sagte: Für die Tränkung eines jeden Lebewesens gibt es einen Lohn.

(Bukhari, Muslim)

Aufgaben

1) Warum wird der Mann mit dem Paradies belohnt?
2) In den Zeitungen wird den Muslimen oft Tierquälerei beim Opferfest vorgeworfen. Was ist deine persönliche Meinung dazu?

DIE GESCHICHTE DES PROPHETEN ABRAHAM

Der Text ist im Laufe der Jahrhunderte durcheinander geraten. Bringe die unnummerierten Abschnitte wieder in die richtige Reihenfolge!

(1) Der Prophet Abraham wünschte sich sehnlichst ein Kind. Er flehte Gott an, ihm seinen Wunsch zu erfüllen, und versprach Ihm sogar, das Kind später um Seinetwillen zu opfern. Daraufhin schenkte Gott ihm einen Sohn. Schon bald hatte Abraham das gegebene Versprechen vergessen. Doch eines Nachts erinnerte man ihn daran und forderte ihn dreimal dazu auf, seinen Sohn zu opfern. Also unternahm er mit seinem neun- oder zehnjährigen Sohn Ismail am nächsten Tag einen Ausflug. Auf Wunsch seines Vaters packte Ismail, bevor sie sich vom Zelt entfernten, Messer und Seil ein, um Holz vom Berg zu holen.

( ) Als er ein letztes Mal versuchte, den Hals seines Sohnes zu durchtrennen, hörte er plötzlich vom Himmel herab eine Stimme: "Gott ist groß, Gott ist groß!" Er schaute nach oben und sah den Engel Gabriel, der einen Schafbock an den Hörnern hielt und zur Erde brachte, wobei er immer wieder „Gott ist groß, Gott ist groß!" ausrief. Darauf antwortete ihm Abraham: „Es gibt keine Gottheit außer Gott, und Gott ist groß!"

( ) Laut einer Überlieferung verfluchte Ismail den Teufel aber nicht nur, sondern bewarf ihn sogar mit Steinen. Hierin liegt der Ursprung für die Steinigung des Teufels während der Pilgerfahrt. Dort steinigen die Pilger den Teufel symbolisch, indem sie 49 bzw. 70 Steinchen auf drei Säulen werfen.

( ) Danach sprach Gabriel: „O Abraham! Beeile dich nicht, halte inne! Gott hat deine Bereitschaft zur Erfüllung Seines Befehls in deinem Traum und deine Treue zu Ihm angenommen und diesen Schafbock herabgesandt. Lass also von Ismail ab, und opfere stattdessen den Schafbock!"

( ) Nachdem sich der Teufel davon gemacht hatte, erreichten Abraham und Ismail den Gipfel des Berges Arafat. Abraham umarmte Ismail, streichelte ihn und sagte weinend: „O mein Sohn! Gott hat mir im Traum befohlen, dich als Opfer zu schlachten. Jetzt ist die Zeit gekommen, mein Versprechen einzulösen. Was sagst du dazu?" Ismail, der Sohn des Propheten, antwortete ihm gehorsam und treu: „O mein Vater! Tue, was Gott dir befohlen hat! Hoffentlich findest du mich bei den Geduldigen."

(5) Sie gingen zu der Stelle, die Abraham im Traum gesehen hatte. Der Teufel aber versuchte, das Opfern Ismails zu verhindern, indem er Hadschar, der Frau Abrahams, und dann auch Ismail selbst verriet, was Abraham vorhatte. Damit versuchte der Teufel, sie zum Ungehorsam Gott gegenüber zu verleiten. Beide jedoch entgegneten, Gottes Wille solle geschehen.

( ) Als Abraham aber sah, dass keine Striemen am Hals Ismails zu sehen waren und sich der Kopf nicht vom Körper trennen wollte, war er überrascht. Er befürchtete, den Befehl durch sein Mitgefühl nicht kräftig genug ausgeführt zu haben, und wiederholte die Prozedur. Erneut aber hinterließen seine Schnitte keine Spuren.

Inzwischen war der Schafbock den Händen Abrahams entwischt. Vater und Sohn liefen ihm nach, um ihn einzufangen, was ihnen in Mina schließlich auch gelang. Dort schlachteten sie den Schafbock zum Wohlgefallen Gottes.

Ismail, der nicht wusste, welchen Ursprung und welchen Grund die Stimmen hatten, hob seinen Kopf und war über den Anblick, der sich ihm bot, sehr erstaunt. Auch er rief nun aus: „Gott ist groß, Dank sei Gott!"

Nun wurde Abraham sehr wütend und warf das Messer mit solcher Wucht auf einen Felsen, dass dieser entzweibrach. Er versuchte es erneut, aber wieder schnitt das Messer nicht. Daraufhin fragte ihn der Sohn, worauf er warte und warum er seine Pflicht nicht erfülle.

Um Gottes Befehl nachzukommen, band Abraham auf Wunsch seines Sohnes dessen Hände und Füße fest zusammen. Er legte ihn auf den Boden und verhüllte ihm auch das Gesicht. Dann schaute er zum Himmel empor und sagte: „O Gott! Nun führe ich deinen Befehl aus!" Mit aller Kraft bemühte er sich, Ismail die Kehle zu durchtrennen.

Voller Dankbarkeit warf sich Abraham nieder und lobte Gott. Er löste die Fesseln um die Hände und Füße Ismails und hielt den von Gabriel herbei gebrachten Schafbock fest. In diesem Moment vergoss Ismail, dieses Vorbild an Treue, Freudentränen.

Der Grund für das Schlachten von Opfertieren (Kamelen, Rindern, Schafen, Ziegen) in Mina liegt also in der Sunna (im Handeln) Abrahams. Hiermit greift der Islam eine Tradition des Alten Testaments auf und führt sie weiter.

Aufgaben

1) Male ein Bild von dem entscheidenden Moment in dieser Geschichte und begründe, warum du gerade diesen Moment ausgewählt hast!
2) Bildet zu dritt oder zu viert ein Standbild, das den entscheidenden Moment in dieser Geschichte zeigt, und begründet, warum ihr es so darstellt!

ISLAM UND MENSCH

Im Islam sind die Menschen vor Gott ebenso gleich, wie die Zähne eines Kamms einander gleich sind. Einzig und allein durch Ehrfurcht vor Gott und Ehrlichkeit kann sich ein Mensch von anderen abheben. Sprache, Herkunft, Hautfarbe, Reichtum usw. spielen überhaupt keine Rolle.

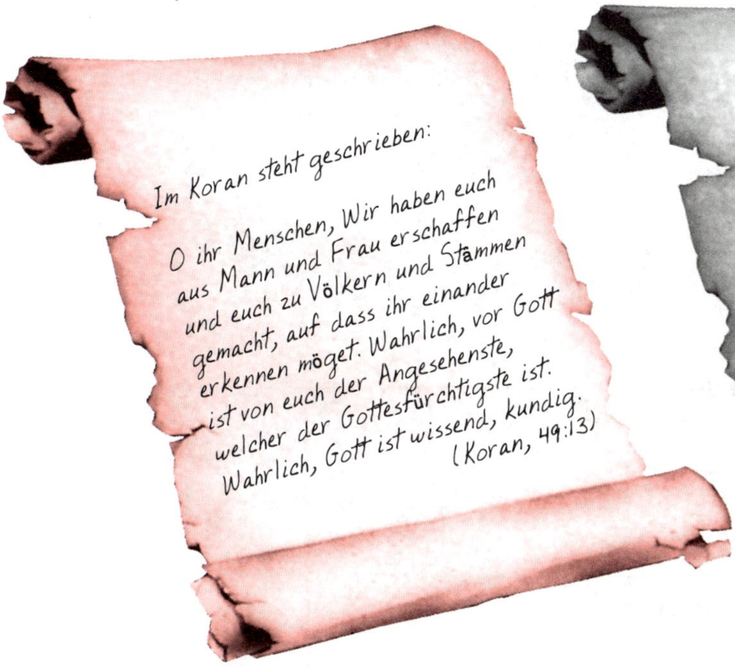

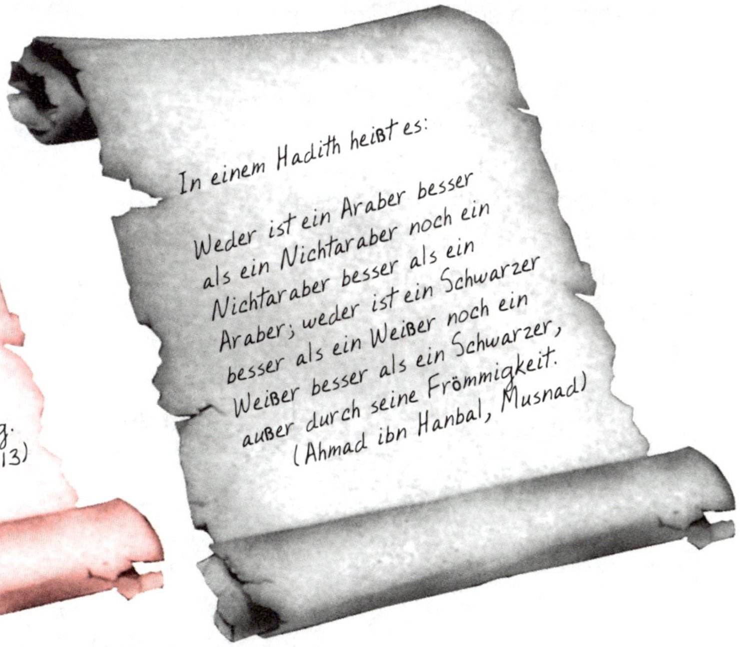

Ein Mensch, der Gutes tut und sich vorbildlich verhält, genießt Gottes besondere Anerkennung. Der Koranvers *„Für alle gibt es unterschiedliche Rangstufen, entsprechend dem, was sie (an Richtigem oder Falschem) getan haben. Dein Herr ist nicht achtlos dessen, was sie tun“* (6:132) weist darauf hin, dass der Rang eines jeden Menschen von seinen Taten abhängt, für die er auch entsprechend belohnt wird.

Einem Hadith zufolge schätzt Gott fleißige Menschen mehr als Faulenzer, gute Menschen mehr als schlechte, freigebige Menschen mehr als geizige, gut Handelnde mehr als schlecht Handelnde, Wissende mehr als Unwissende.

In einem Hadith heißt es auch:

> *Der Erhabene Gott legt keinen Wert auf Äußerlichkeiten und Eigentum der Menschen, sondern auf ihre Herzen und Taten.*
> (Muslim)

Aufgaben

1) Kennst du jemanden, der glaubt, er sei etwas Besseres?
2) Warum schätzt Gott eigentlich Wissende mehr als Unwissende?
3) Bist du schon einmal diskriminiert worden? Wenn ja, weshalb? Wie hast du dich dabei gefühlt?
4) Wie verhältst du dich, wenn du beobachtest, dass ein Mitschüler/eine Mitschülerin beleidigt oder geärgert wird?

SCHÖPFUNG IM KORAN

Gott hat die Welt mit einer bestimmten schönen Ordnung erschaffen. Wir Menschen sollen diese Ordnung ehren und sie nicht zerstören. Umweltzerstörung, Kriege, Gewalt und Ausbeutung der Bodenschätze gefährden das Gleichgewicht unserer Erde. Deshalb ermahnt uns der Koran:

Stiftet kein Unheil und Verderben auf Erden, nachdem ihr gesehen habt, dass sie aufs Beste geordnet ist, und ruft Ihn an in Furcht (vor Seiner Strafe) und in Sehnsucht (nach Seiner Vergebung und Barmherzigkeit). Wahrlich, die Barmherzigkeit Gottes ist nahe denen, die sich der Verrichtung guter Werke widmen und sich bewusst sind, dass Er sie sieht.
(7:56)

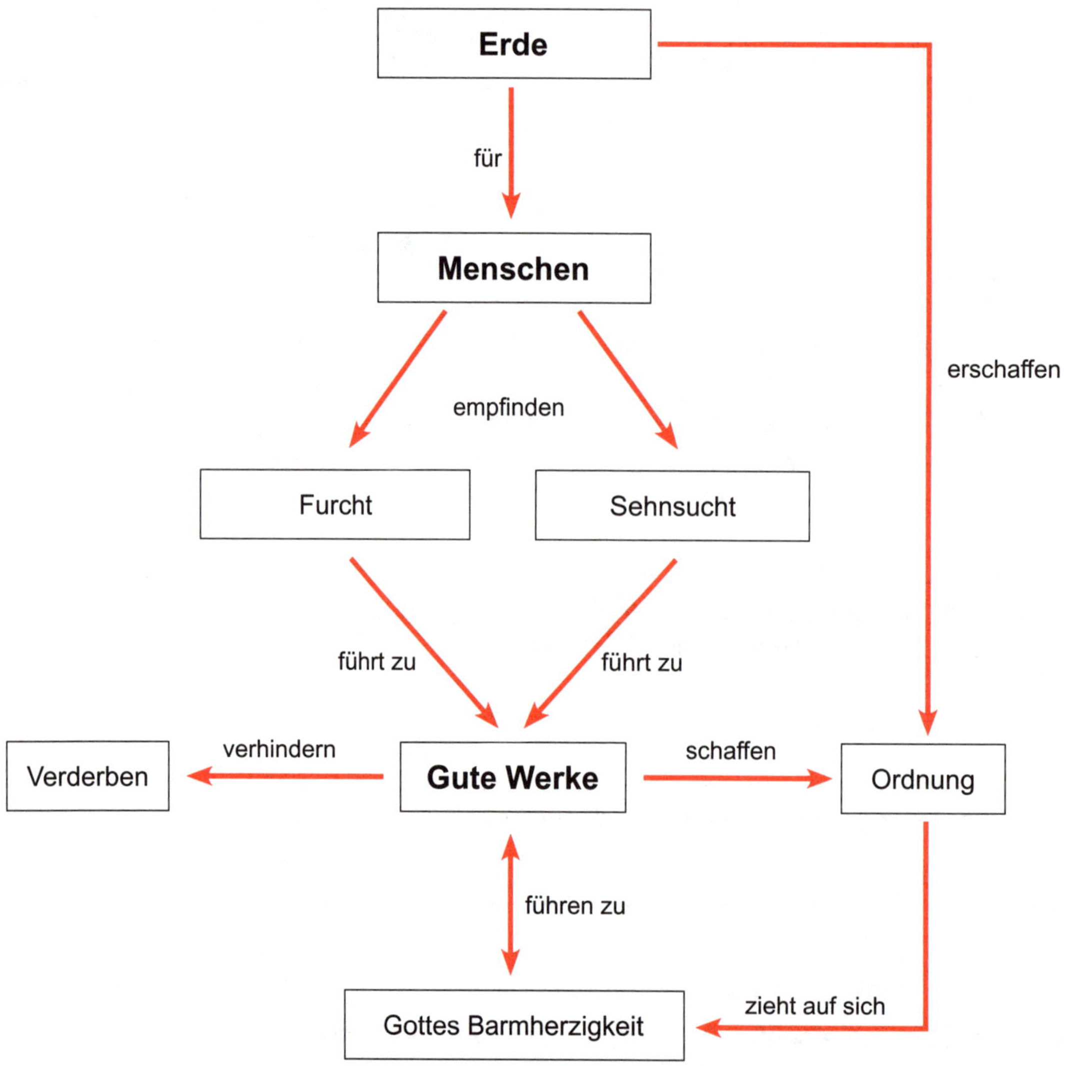

Aufgabe
- Schreibe anhand dieses Schemas einen Text mit eigenen Worten!

WOHLVERHALTEN (*AKHLAQ*) UND GUTE WERKE

Im Islam besitzen Tugenden wie Wohlverhalten, Mitleid, Ehrlichkeit, Weisheit, Dankbarkeit, Freundlichkeit, Geduld, Mut, Fleiß, Schamhaftigkeit und Reinheit einen hohen Stellenwert.

In vielen Koranversen werden diese Tugenden behandelt.
Einige Beispiele:

Nachrede
Werke
Waisen
Böses
Gutes
Westen
Pflichtabgabe
Geduldig
Herrn

Vermeidet häufigen Argwohn; denn mancher Argwohn ist Sünde. Und spioniert nicht, und führt keine üble .... übereinander. Würde wohl einer von euch gerne das Fleisch seines toten Bruders essen? Sicher würdet ihr es verabscheuen. So fürchtet Gott. Wahrlich, Gott ist gnädig, barmherzig. (49:12)

Es ist keine Frömmigkeit, wenn ihr eure Angesichter in Richtung Osten oder .... wendet; Frömmigkeit ist vielmehr, dass man an Gott glaubt, den Jüngsten Tag, die Engel, das Buch und die Propheten und vom Besitz, obwohl man ihn liebt, den Verwandten gibt, den......................., den Armen, dem Sohn des Weges, den Bettlern und (für den Freikauf von) Sklaven, dass man das Gebet verrichtet und die .... (*Zakât*) entrichtet. Es sind diejenigen, die ihr Versprechen einhalten, wenn sie es gegeben haben; und diejenigen, die in Elend, Not und in Kriegszeiten .... sind; sie sind es, die wahrhaftig und gottesfürchtig sind. (2:177)

Wahrlich, denjenigen, die gläubig sind und gute Werke tun und das Gebet verrichten und die Pflichtabgabe (*Zakât*) entrichten, ist ihr Lohn von ihrem .... und sie brauchen keine Angst haben, noch werden sie traurig sein. (2:277)

Gott hat denen, die glauben und gute .... tun, verheißen, dass sie Vergebung und großen Lohn erlangen werden. (5:9)

Wer auch nur eines Stäubchens Gewicht Gutes tut, der wird es dann sehen. Und wer auch nur eines Stäubchens Gewicht .... tut, der wird es dann sehen. (99:7-8)

Und Gott liebt jene, die .... tun. (5:93)
Wahrlich, Gottes Barmherzigkeit ist denen nahe, die gute Werke tun. (7:56)
Für diejenigen die glauben und gute Werke tun, ist Vergebung und eine ehrenvolle Versorgung bereit. (22:50)

Aufgaben

1) Setze die Begriffe in die richtigen Lücken ein!
2) Erstelle aus diesen Koranversen eine Liste von Wohlverhalten und guten Werken!
3) Welches Wohlverhalten hältst du für besonders wichtig? (5 Beispiele) Diskutiere deine Einschätzung mit deinem Partner!

WOHLVERHALTEN

Bettler in Afrika

Bettler in Hamburg

Aufgaben

1) Was fühlst du, wenn du dieses Bild anschaust?
2) Welche Tugenden fallen dir zu diesem Bild ein?

Wohlverhalten wird auch in vielen Hadithen thematisiert.
Einige Bespiele:

Pflegt die Wahrhaftigkeit. Die Wahrhaftigkeit führt zur Rechtschaffenheit, die Rechtschaffenheit führt zum Paradies…
Hütet euch vor der Lüge. Die Lüge führt zur Sündhaftigkeit, die Sündhaftigkeit führt ins (Höllen)feuer…

(Bukhari, Muslim, Abu Dawud, Tirmidhi)

Der schlimmste Mensch ist der Mensch mit zwei Gesichtern. Er begegnet den einen mit einem Gesicht und den anderen mit einem anderen Gesicht.

(Bukhari, Muslim, Abu Dawud, Tirmidhi)

Der Prophet sagte zu Ashadjj Abd al-Qayyim: Du hast zwei Eigenschaften, die Gott liebt: die Sanftmut und die Geduld.

(Muslim)

Wer den Menschen nicht dankt, dankt auch Gott nicht.

(Abu Dawud, Tirmidhi)

3) Erstelle eine Tabelle, und liste gute und schlechte Eigenschaften, die in den Hadithen vorkommen, in zwei Spalten auf!
4) Ergänze noch weitere Tugenden!

10 WICHTIGE PRINZIPIEN DER SURE *AL-ISRA*

Mit der Sure *Al-Isra* (17:22-39) wurden 10 Prinzipien offenbart, die sehr wichtige Tugenden beinhalten:

1) Verehrt niemanden außer Gott.

2) Behandle deine Eltern in schönster Freundlichkeit.

3) Gib dem Verwandten das, worauf er ein Anrecht hat, geradeso wie dem Bedürftigen.

4) Sei nicht verschwenderisch.

5) Kommt keinerlei unrechtmäßigem Geschlechtsverkehr nahe.

6) Tötet niemanden.

7) Kommt dem Eigentum des Waisenkindes nicht nahe.

8) Haltet das Versprechen ein.

9) Folge nicht dem, wovon du kein Wissen hast (sei es gut oder schlecht).

10) Stolziere nicht in hochmütigem Eigendünkel auf Erden umher.

Aufgaben

1) Welche 5 Regeln findest du am wichtigsten für das tägliche Leben und warum?
2) Schreibe eine Geschichte, in der es schlimme Folgen hat, weil jemand sich an eine oder mehrere Regeln nicht gehalten hat!

GOTT ERKENNEN

Selimiye-Moschee in Edirne

Was sagt dir das Bild?

Wie kam das Minarett zustande?

- durch Zufall,
- durch die Natur oder
- durch einen Architekten?

Wie sieht die Blume aus? Wie riecht und wächst sie?

Warum und wofür werden Blumen erschaffen?

- als Nahrung für Pflanzenfresser
-
-
-

Wie entstanden die Blumen?

- durch Zufall,
- durch die Natur oder
- durch Einen Schöpfer?

Aufgaben

1) Vergleiche die Entstehung des Minaretts und der Blume. Was ist beiden gemeinsam?
2) Worin besteht der wichtige Unterschied?

GOTT ERKENNEN UND DIENEN

In einem *Hadith qudsi** erklärt Gott die Liebe zum Ursprung der **Schöpfung,** das **Wissen um Gott** aber zum Zweck des Lebens:

Ich war ein verborgener Schatz, und Ich wünschte Mir, erkannt zu werden. Also schuf Ich die Welt.

Gott zeigt Sich Selbst in Seiner Schöpfung, da Er erkannt werden möchte. In einem Koranvers sagt der All-Liebende:

*Ich habe […] die **Menschen** nur darum erschaffen, damit sie Mir **dienen** (sollen).* (51:56)

Gott zu dienen erfordert Wissen - und daher Liebe zu Gott. Insofern ist das Wissen um Gott der eigentliche Grund der Schöpfung. Deshalb können die Worte *damit sie Mir dienen* im Koranvers unten links direkt mit den letzten Worten des *Hadith qudsi (erkannt zu werden)* darüber in Beziehung gesetzt werden: Er wünscht, richtig begriffen und erkannt zu werden, Er will, dass die Menschen an Ihn glauben und Ihm dienen. In dem, was wir Liebe nennen, entdecken wir also den Wunsch Gottes, erkannt und verehrt zu werden.

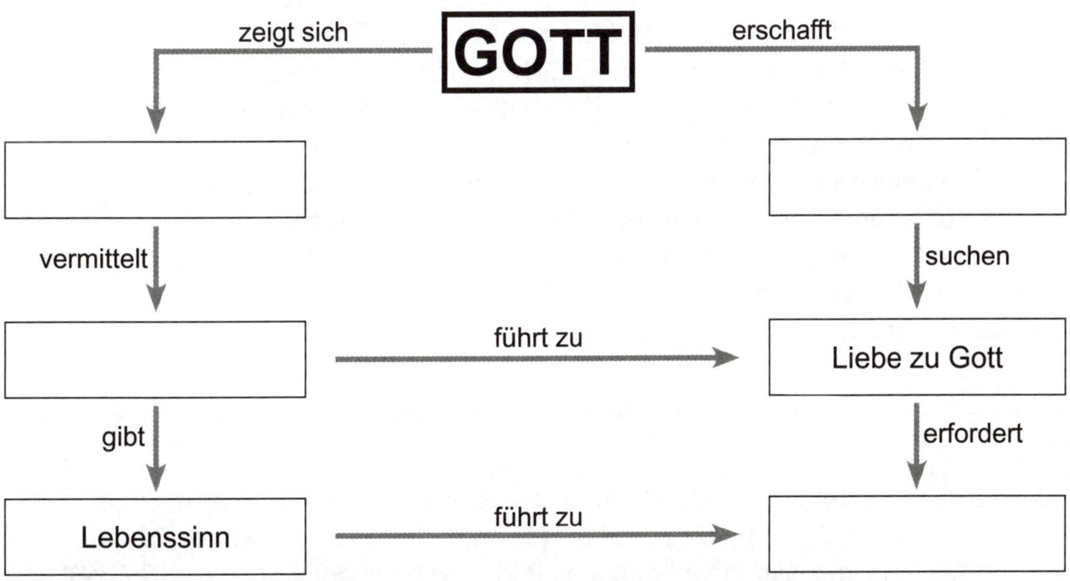

Aufgaben

1) Fülle die leeren Kästchen mit den oben fett gedruckten Wörtern!
2) Formuliere mit Hilfe dieses Schemas und mit eigenen Worten einen Text zum Thema „Gott erkennen und dienen“!

* Hadith, dessen Bedeutung Gott im Herzen des Propheten Muhammad stiftete, also ein außerkoranischer Vers.

EIN BILD ÜBER DIE SCHÖPFUNG IM KORAN

Er ist es, Der für euch alles auf der Erde erschuf; als dann wandte Er Sich den Himmeln zu und richtete sie zu sieben Himmeln auf; und Er ist aller (Dinge) kundig. (2:29)

Gott ist es, Der die Himmel und die Erde und alles, was zwischen beiden ist, in sechs Tagen erschuf; dann wandte Er Sich Seinem Reich majestätisch zu. Ihr habt außer Ihm weder einen wahren Freund noch einen Fürsprecher. Wollt ihr euch denn nicht ermahnen lassen? (32:4)

Und (Er erschuf) die Sonne und den Mond und die Sterne, Seinem Befehl dienstbar. Wahrlich, Sein ist die Schöpfung und der Befehl! Segensreich ist Gott, der Herr der Welten. (7:54)

Wer hat denn die Erde zu einer Ruhestatt gemacht und Flüsse durch ihre Mitte geführt und feste Berge auf ihr gegründet und eine Schranke zwischen die beiden Meere gesetzt? Existiert wohl ein Gott neben Gott? Nein, die meisten von ihnen wissen es nicht. (27:61)

Er ist es, der Wasser vom Himmel herabsendet; davon trinkt ihr, und davon (werden) die Sträucher (bewässert), an denen ihr euer Vieh weiden lasst. Damit lässt Er für euch Getreide wachsen, Olivenbäume, Dattelpalmen, Weinreben und alle (anderen) Sorten von Früchten. Darin ist ein Zeichen (das die Wahrheit offenkundig macht) für Menschen, die nachdenken. Er hat euch die Nacht und den Tag und die Sonne und den Mond dienstbar gemacht, und die Sterne sind euch untertan gemacht durch Sein Gebot. Wahrlich, darin sind Zeichen für Menschen, die von ihrem Verstand Gebrauch machen und begreifen. Und was immer Er für euch auf Erden erschaffen hat, vielfältig in seinen Farben (und in unterschiedlichen Formen und Sorten): Wahrlich, darin ist ein Zeichen für Menschen, die nachdenken und achtsam sind. (16:10-13)

Aufgaben

1) Lies den Text, und unterstreiche die Begriffe über die Geschöpfe (Pflanzen, Tiere, Himmelskörper usw.). Schreibe diese auf die kleinen vorgegebenen Zettel. Erstelle aus diesen Zetteln ein zusammenhängendes Bild! Klebe sie dann auf ein DIN A3-Blatt und male zu jedem Begriff ein Bild!
2) Stelle mit Hilfe der Koranverse fest, was Gott alles erschaffen hat! Dann ordne diese Dinge in die folgende Tabelle ein!

Pflanzen	Tiere	Himmelskörper	Landschaft

SCHÖPFUNG IN SCHÖNSTER FORM

1) *Er hat alle Dinge, die Er erschaffen hat, auf schönste (beste) Weise gemacht.* (32:7)
2) Gott ist schön und liebt das Schöne. (Muslim)
3) *Wir haben den Menschen in schönster (bester) Form erschaffen.* (95:4)

Schön oder hässlich?

schön	hässlich
•	•
•	•
•	•
•	•

Aufgaben

1) Ordne diese Bilder den Überschriften *schön* und *hässlich* in der Tabelle zu!
2) Diskutiere mit dem Nachbarn, nach welchen Maßstäben ihr schön und hässlich beurteilt!
3) Wie ist euer Ergebnis mit dem Koranvers (Nr. 1) und dem Hadith (Nr. 2) zu vereinbaren?
4) Was macht den Menschen schön? Berücksichtige dabei den Koranvers Nr. 3! Schreibe deine Gedanken auf, und diskutiere dann mit deinem Partner darüber!

DIE STATIONEN DER REISE DES MENSCHEN

Wir gehören Gott, und zu Ihm kehren wir zurück. (2:156)

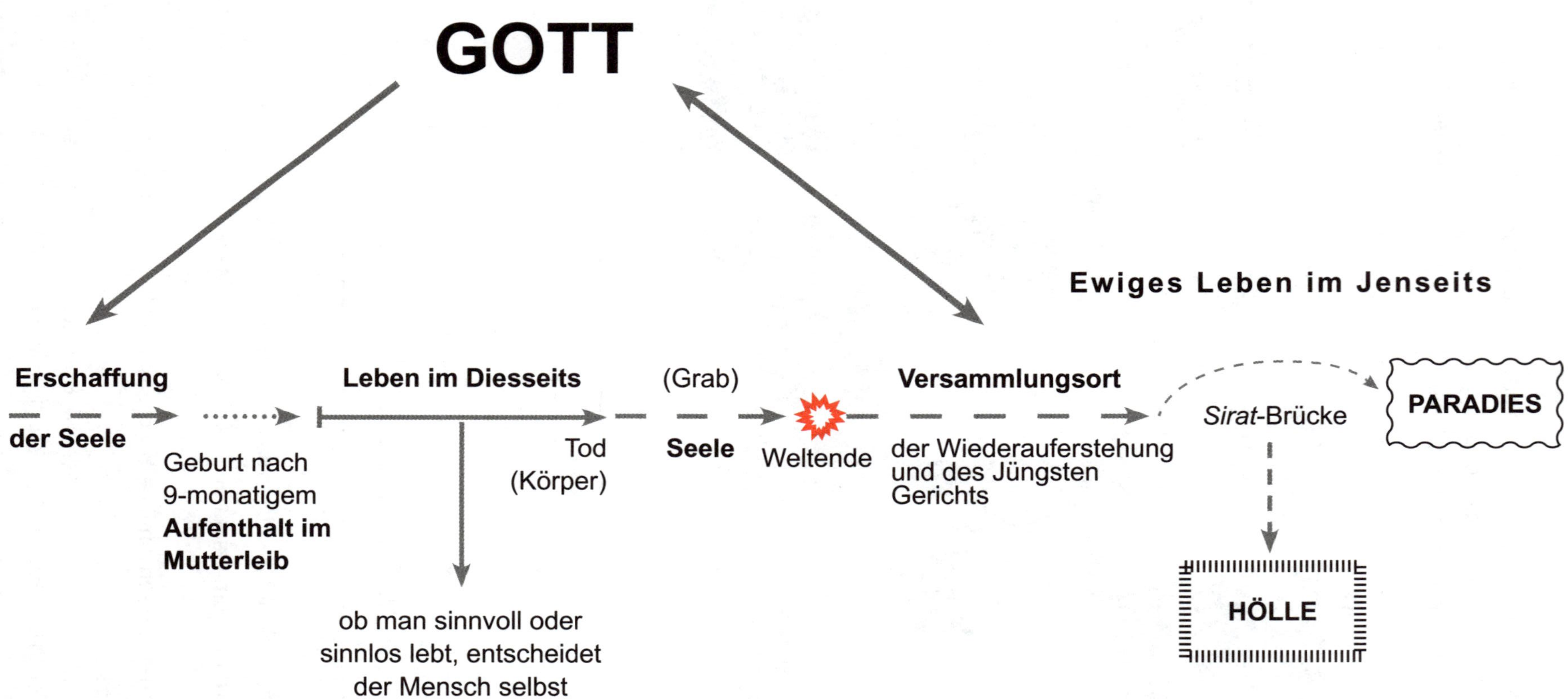

Aufgabe

- Schreibe einen zusammenhängenden Text über die Stationen der Reise des Menschen!

DIE ERDE ALS GUTE GABE GOTTES

Bedrohung

- Umweltverschmutzung
-
-
-
-
-
-

Bewahrung

- Umweltschutz
-
-
-
-
-
-

Ausbeutung der Bodenschätze | Pflegen | Krieg | Müll trennen | Verantwortung übernehmen | Waldbrände | Ordnung halten | Ausnutzung | Zerstörung | Gewalt | Bewohnbar lassen

Aufgaben

1) Ordne die Begriffe im Kasten dem richtigen Bereich zu! Vergleiche dein Ergebnis mit dem deines Nachbarns!
2) Sammle Bilder (aus Zeitschriften, Büchern, Internet, Zeitungen) zu den Schlagworten, und diskutiere sie anschließend!
3) Was könnt ihr selbst für die Bewahrung unserer Erde tun? Erstellt dazu eine Collage mit Hilfe der mitgebrachten oder selbstgemalten Bilder!

DAS ISLAMISCHE GOTTESVERSTÄNDNIS

Allāh ist der Eigenname des Einen Gottes.
Er ist nicht Körper und nicht Geist, weder räumlich noch zeitlich, weder sichtbar noch in Abbildungen erfassbar, jedoch ist Er überall anwesend. Er ist uns *näher, als unsere Halsschlagader.* (50:16)

Das Wissen um das Wesen Gottes ist uns nicht gegeben. Denn es gibt nichts, was Ihm vergleichbar wäre. Im Koran heißt es: *Nichts ist Ihm gleich.* (41:11) So ist es also ganz und gar ausgeschlossen, Ihn zu erfassen oder zu begreifen. Allerdings kann man Gott erkennen durch Seine Werke, Taten, Namen und Eigenschaften.

Gott
- erschafft Seine Geschöpfe einzeln und als Ganzes,
- versorgt sie,
- lässt sie heranwachsen,
- gewährt ihnen Ernährung,
- beschützt sie,
- zeigt ihnen den richtigen Weg,
- lässt sie sterben und erweckt jedes einzelne wieder,
- belohnt und bestraft sie usw.

Gott ist der Herr der Welten; d.h. alles - von den Einzelteilen oder unbelebten Gegenständen bis hin zu den Pflanzen, Tieren und Menschen -

- wird ins Dasein gerufen,
- wird versorgt,
- erhält seine Weisungen und
- wird von Ihm überwacht, bis es den Zweck seiner Erschaffung erfüllt hat.

Alles ist von Ihm abhängig und existiert durch Ihn. Gott ist vollkommen frei von Mängeln jeglicher Art. Er ist über jegliche menschliche Vorstellung erhaben. *Kein Blick vermag ihn zu erfassen. Er aber erfasst die Blicke.* (6:103)

Aufgabe
- Finde die Eigenschaften Gottes im Text! Schreibe sie in dein Heft!

DIE EIGENSCHAFTEN GOTTES

Er ist Gott, ein Einziger, Gott, der Absolute *(Ewige, Unabhängige, von dem alles abhängt).* Er zeugt nicht und ist nicht gezeugt worden, und Ihm vergleichbar ist keiner.

(112:1-4)

Gott werden 14 Eigenschaften zugesprochen:

A) Eigenschaften, die sich auf Seine Person beziehen

1)	Existenz	*Wudschud*
2)	Anfangslosigkeit	*Qidam*
3)	Endlosigkeit	*Baqâ*
4)	Einzigkeit	*Wahdaniya*
5)	Unterschiedlichkeit (keine Ähnlichkeit zu Geschöpfen)	*Mukhâlafa lil-hawâdis*
6)	Völlige Unabhängigkeit	*Qiyâm bi Nafsihi*

Aufgaben

1) Ordne die Erklärungssätze unten den richtigen Eigenschaften zu! Schreibe sie in dein Heft!

- Es gibt keinen Anfang Seiner Existenz.
- Für Seine Existenz braucht Er nichts. Er ist unabhängig von allem.
- Es gibt Gott, Seine Existenz steht eindeutig fest.
- Es gibt nichts, was Ihm vergleichbar wäre.
- Es gibt kein Ende Seiner Existenz.
- Er ist Einzig und Allein.

B) Eigenschaften, die sich auf Sein Wirken beziehen

1) Lebendig-Sein	*Hayât*	Er ist lebendig.
2) Wissen	*Ilm*	Gott weiß alles, ob offen oder geheim, vergangen oder zukünftig.
3) Hören	*Sami*	Er hört alles.
4) Sehen	*Basar*	Er sieht alles.
5) Wollen	*Irâda*	Er kann selber frei entscheiden was Er tut.
6) Können	*Qudra*	Er kann alles tun, was Er will.
7) Sprechen	*Kalâm*	Er kann sprechen, ohne Mund, Zunge oder Stimme zu haben. Der Koran ist Sein Wort.
8) Erschaffen	*Taqwin*	Er kann erschaffen, was Er will.

2) Finde zu jeder dieser Eigenschaften mindestens einen Vers aus dem Koran!

EINIGE SCHÖNE NAMEN GOTTES

GOTT,

ar-Rahmân: Der Erbarmer (1:1); nur Gott ist *ar-Rahmân*, Ursprung aller Barmherzigkeit für die Schöpfung insgesamt.

ar-Rahîm: Der Barmherzige (1:1); Gott erweist Seinen Dienern besondere Barmherzigkeit.

al-Wahhâb: Der Freigebige (3:8); Er schenkt uns fortwährend die unterschiedlichsten Dinge, ohne dafür eine Gegenleistung zu erwarten.

ar-Razzâq: Der Gewährer des Lebensunterhalts (51:58); Er bietet dem Menschen eine Grundlage, auf deren Basis ein glückliches Leben möglich ist.

al-Fattâh: Der Öffner der Türen zum Erfolg; der Richter (34:26); Er erleichtert dem Menschen alle Schwierigkeiten und hilft ihm in allen Bereichen.

al-Hakîm: Der Weise (2:32); all das, was Er erschafft oder tut, kündet von Weisheit und Vollkommenheit.

al-Karîm: Der Großherzige (82:6); Seine Großherzigkeit ist unendlich. Dem Menschen schenkt er Seine Gnade, ohne etwas dafür zu verlangen.

al-Wahîd: Der Eine, der hinsichtlich Seines Wesens, Seiner Attribute und Seiner Urteile keine Partner neben sich hat. (2:163)

Aufgabe

- Suche sechs weitere Namen in den Koranversen 2:129; 2:173; 2:255; 35:30; 55:27; 59:24!

Kalligrafie in der Ulu-Moschee, Bursa/Türkei

GOTT ERKENNEN

Was hat gefunden, wer Gott verloren hat?
Und was hat verloren, wer Gott gefunden hat?

Ata´ullah Iskendarani

Meine Mutter ist Liebe.
Mein Vater ist Liebe.
Jede Liebe schlägt eine Brücke zur Liebe Gottes.
Die Menschen zu lieben, heißt Gott zu lieben.

Mewlana Rumi

✔ **Was sagen diese Gedichte aus?**
Diskutiere darüber mit deinem Nachbarn!

In den folgenden Bereichen kommen wir Gott näher und nehmen Sein Wirken und Seinen Willen wahr:

1) in der erschaffenen Ordnung der Natur,
2) im Koran und
3) durch den Propheten Muhammad.

Alucra/Türkei

Hadith-Sammlung von Bukhari

Aufgaben

Denke zunächst alleine über folgende Fragen nach und tausche dich dann in der Gruppe darüber aus!

1) Woran erkennt man Gott in der Schöpfung! Gebe dazu Beispiele!
2) a) Wie wird Gott im Koran dargestellt?
   b) Wie stellt der Prophet Gott dar? (Tipp: Internet, Bücher, Koran, Lexikon)

DIE 99 SCHÖNEN NAMEN GOTTES

GOTT,

1.	ar-Rahmân:	Der Erbarmer (1:1)
2.	ar-Rahîm:	Der Barmherzige (1:1)
3.	al-Malik:	Der König (59:23)
4.	al-Quddûs:	Der Heilige (59:23)
5.	as-Salâm:	Die Quelle des Friedens; Das Heil (59:23)
6.	al-Mu'min:	Der Getreue; Der wachende Beschützer (59:23)
7.	al-Muhaymin:	Der Wächter; Der Wachsame (59:23)
8.	al-Azîz:	Der Allmächtige (2:129)
9.	al-Dschabbâr:	Der Unterwerfer (59:23)
10.	al-Mutakabbir:	Der Hocherhabene (59:23)
11.	al-Hâliq:	Der Schöpfer (59:24)
12.	al-Bâri:	Der erfindende Erschaffer (2:54)
13.	al-Musawwir:	Der Gestalter; Der Formgeber (59:24)
14.	al-Ghaffâr:	Der große Verzeihende (20:82)
15.	al-Qahhâr:	Der allmächtige Bezwinger (12:39)
16.	al-Wahhâb:	Der Freigebige; Der Schenkende (3:8)
17.	al-Razzâq:	Der Gewährer des Lebensunterhalts (51:58)
18.	al-Fattâh:	Der Öffner der Türen zum Erfolg; Der Trennende (34:26)
19.	al-Âlim:	Der Allwissende (2:29)
20.	al-Qâbid:	Der Abmessende; Der Beschränkende; Der Einnehmende (2:245)
21.	al-Bâsit:	Der gerecht Verteilende (2:254)
22.	al-Hâfid:	Der die Stolzen Erniedrigende (56:3)
23.	ar-Râfi:	Der Erhöhende (56:3)
24.	al-Mu'izz:	Der Verleiher von Ehre und Macht (3:26)
25.	al-Mudhill:	Der Erniedrigende (3:26)
26.	as-Samî:	Der Hörende (2:127)
27.	al-Basîr:	Der Sehende (2:96)
28.	al-Hâkim:	Der Gerechte Richter (7:87)
29.	al-Adl:	Der Gerechte (6:115)
30.	al-Latîf:	Der Gütige; Der Scharfsinnige (6:103)
31.	al-Khabîr:	Der Kundige (2:234)
32.	al-Halîm:	Der Nachsichtige (2:225)
33.	al-Adhîm:	Der Erhabene; Der Großartige (2:225)
34.	al-Ghafûr:	Der stets Vergebende (2:173)
35.	asch-Schakûr:	Der würdigend Dankbare (35:30)
36.	al-Alîy:	Der Höchste (2:255)
37.	al-Kabîr:	Der unvergleichlich Große, Der Bedeutende (22:62)
38.	al-Hafîdh:	Der Beschützer (86:4)
39.	al-Muqît:	Der über alles Erschaffene Seine Hand Haltende (4:85)
40.	al-Hasîb:	Der Rechenschaft Ablegende (4:86)
41.	al-Dschalîl:	Der Majestätische (55:27)
42.	al-Karîm:	Der Großherzige (82:6)
43.	ar-Raqîb:	Der wachsam Beobachtende (4:1)
44.	al-Mudschîb:	Der Erhörer der Gebete (11:61)
45.	al-Wâsi':	Der Allumfassende (2:115)
46.	al-Hakîm:	Der weise Richter (2:32)
47.	al-Wadûd:	Der Liebreiche (11:90)
48.	al-Madschîd:	Der Glorreiche; Der Preiswürdige (11:73)
49.	al-Bâ'is:	Der Erwecker der Toten (18:12)
50.	asch-Schahîd:	Der Zeuge (3:98)

51.	al-Haqq:	Der Wahre; Der Wahrhaftige (31:30)
52.	al-Wakîl:	Der beschützende Sachwalter (3:173)
53.	al-Qawîy:	Der Starke (2:82)
54.	al-Matîn:	Der Feste; der Ausdauernde (51:58)
55.	al-Walîy:	Der beschützende Freund (42:9)
56.	al-Hamîd:	Der Lobenswürdige; Der Verherrlichte (2:267)
57.	al-Muhsî:	Der alles Aufzeichnende und Zählende (58:6)
58.	al-Mubdi:	Der Urheber alles Erschaffenen (85:13)
59.	al-Mu'îd:	Der Wiedererwecker (85:13)
60.	al-Muhyî:	Der Lebensspender (2:28)
61.	al-Mumît:	Der Lenker der Todesursachen; Der Todbringende (2:28)
62.	al-Hayy:	Der Lebendige (2:255)
63.	al-Kayyûm:	Der Beständige; Der Ewige (2:255)
64.	al-Wâdschid:	Der Findende (93:7)
65.	al-Mâdschid:	Der Ruhmreiche; Der Edle (11:73)
66.	al-Wâhid:	Der Einzige (2:163)
67.	as-Samad:	Der immer währende und unabhängige Herr (112:2)
68.	al-Qâdir:	Der Besitzer von Macht und Autorität; Der Mächtige (2:20)
69.	al-Muqtadir:	Der alles Könnende und Bestimmende (18:45)
70.	al-Muqaddim:	Der Fortschreitende; Der Förderer
71.	al-Mu'ahhir:	Der Aufhaltende; Der Verschiebende (11:104)
72.	al-Awwal:	Der Erste (57:3)
73.	al-Achîr:	Der Letzte (57:3)
74.	az-Dhâhir:	Der Offenbarende; Der Erscheinende (57:3)
75.	al-Bâtin:	Der Verborgene; Der Verhüllte (57:3)
76.	al-Wâlî:	Der helfende Beschützer und Herrscher (13:11)
77.	al-Muta'âlî:	Der Höchsterhabene (13:9)
78.	al-Barr:	Der gütige Wohltäter (52:28)
79.	at-Tawwâb:	Der Reue gnädig Annehmende (2:37)
80.	al-Muntaqim:	Der Vergeltung Übende (32:22)
81.	al-Afûw:	Der Vergebung Gewährende (4:43)
82.	ar-Ra'ûf:	Der Sanftmütige; Der Mitleidige (2:143)
83.	Mâlik al-Mulk:	Der unumschränkte Herrscher des Königreichs (3:26)
84.	Dhûl-Dschalâl wal-Ikrâm:	Der Herr über Majestät und Ehrwürdigkeit (55:27)
85.	al-Muqsit:	Der gerecht und billig Handelnde; Der Gerechte (49:9)
86.	al-Dschâmi':	Der Versammelnde; Der Vereinende (3:9)
87.	al-Ghanîy:	Der Sich Selbst Genügende; Der Reiche (2:263)
88.	al-Mughnî:	Der Geber von Reichtum (53:48)
89.	al-Mu'tî:	Der Gebende
90.	al-Mânî:	Der Zurückhaltende; Der Abwehrende
91.	ad-Dârr:	Der Züchtigende; Der Bekümmernde (6:42)
92.	an-Nâfî:	Der Wohltäter; Der Nutzbringende (40:85)
93.	an-Nûr:	Das Licht (24:35)
94.	al-Hâdî:	Der Rechtleitende (22:54)
95.	al-Badî:	Der Neuerer; Der Ersinner (2:117)
96.	al-Bâqî:	Der Bleibende; Der Bestandhabende (20:73)
97.	al-Wârith:	Der alles Erbende (15:23)
98.	ar-Raschîd:	Der auf den rechten Weg Leitende (18:10)
99.	as-Sabûr:	Der Geduldige (2:153)

Aufgabe

- Welche Namen Gottes werden auch als Menschennamen benutzt?

GOTTES NAMEN IN DER SCHÖPFUNG

Aufgaben

1) Welche Namen Gottes erscheinen in den Bildern oben? Erstelle dazu eine Mindmap wie im unteren Beispiel!
2) Vergleiche die schönen Namen, die du gefunden hast, mit denen deines Partners und erkläre sie!
3) Ergänze in der Mindmap unten zu den schönen Namen Gottes die Bedeutungen!
4) Schreibe einen Brief darüber, was uns eine Blume über die Namen Gottes erzählt!

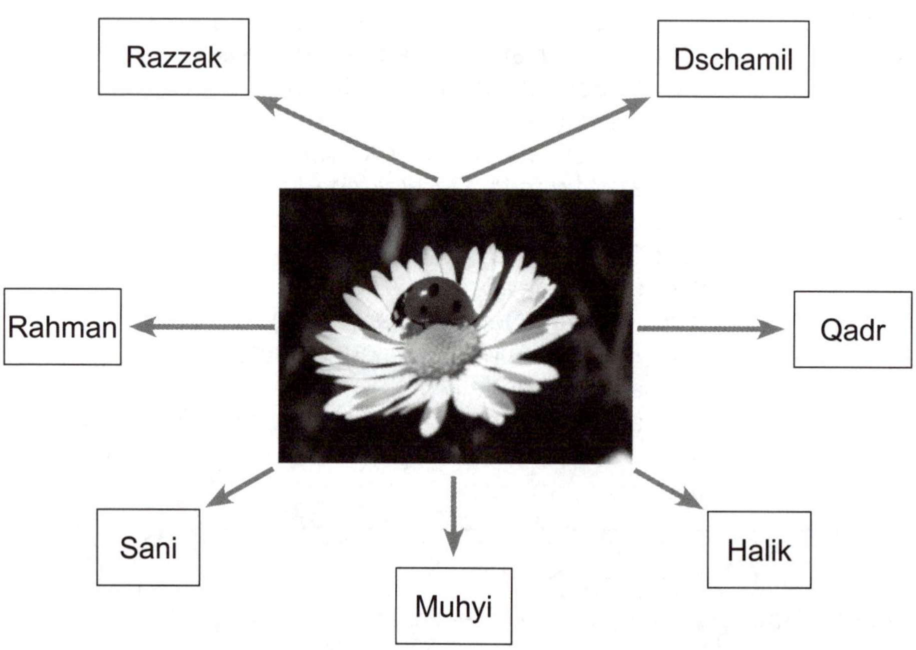

SUCHSEL

W	D	V	S	Z	I	L	J	H	Q	B	N
X	A	L	I	M	T	O	X	M	I	D	K
U	Z	S	U	U	Q	R	D	U	U	S	O
O	I	R	G	S	K	A	K	Q	O	C	A
P	Z	Y	S	A	L	H	E	A	D	H	D
D	A	F	U	W	B	M	P	D	J	A	F
W	J	V	B	W	F	A	G	D	B	L	I
Q	L	U	L	I	C	N	X	I	G	A	F
V	F	K	S	R	A	H	I	M	X	L	H
J	C	R	T	U	M	G	L	O	V	J	X

Aufgaben

1) Suche und markiere die versteckten schönen Namen Gottes!
2) Liste die herausgefundenen Namen in der linken Spalte auf! Schreibe dann die entsprechenden deutschen Übersetzungen in die rechte Spalte!

DIE VORISLAMISCHE ZEIT (DIE ZEIT VOR DER PROPHETENSCHAFT MUHAMMADS)

Die Zeit vor dem Islam bezeichnet man als *Dschahiliyya* oder Zeitalter der Unwissenheit.

Einige Merkmale der *Dschahiliyya*:

1) Es galt das Recht des Stärkeren.
2) Sklaven wurden wie Waren gekauft und verkauft.
3) Mädchen wurden zum Teil lebendig begraben.
4) Frauen hatten im Allgemeinen keinerlei Rechte.
5) Schamlosigkeit und Unmoral waren weit verbreitet.
6) Menschen litten unter Wucherzinsen.
7) Armen und Schwachen schenkte man keine Beachtung.
8) Arme und Schwache wurden ungerecht und rücksichtslos behandelt.

In der vorislamischen Zeit glaubten die Araber an Götzenbilder, die sie selbst hergestellt hatten. Die bekannteste und größte Gottheit war Hubal, der in der Kaaba ausgestellt war. Andere Götter hießen Lat, Uzza und Manat, von denen sich die Herrscher besonderen Beistand für die Aufrechterhaltung ihrer Macht erhofften. Der Götzenglaube war auf der ganzen Arabischen Halbinsel verbreitet. Daneben gab es jedoch auch Menschen, die den Glauben an Götzen verurteilten und stattdessen die alte Religion Abrahams befolgten. Diese nannte man „Hanifen". Sie zeichneten sich dadurch aus, dass sie

- Respekt vor der Kaaba hatten,
- die Pilgerfahrt vollzogen,
- Opfertiere schlachteten und
- keine Götzen anbeteten.

Die Hanifen waren weder vom Judentum noch vom Christentum beeinflusst, die beide in diesen Breiten keine Chance hatten. Mekka war immer eine Stadt der Götzenanbeter geblieben, in der kein Platz für andere Religionen war.

Aufgaben

1) Gibt es auch in den heutigen Gesellschaften Merkmale der *Dschahiliyya?* Wenn ja, welche?
2) Was für Unterschiede gibt es zwischen Hanifen und Götzenanbetern?
3) Warum musste eine neue Religion wie der Islam kommen? Schreibe dazu einen Text!

DER PROPHET MUHAMMAD

Muhammad (Friede sei mit ihm), der Prophet des Islams, wurde im Jahr 571 in Mekka geboren. Seine Eltern waren Abdullah und Amina. Er stammte aus dem Stamm der Quraysch. Schon in jungen Jahren wurde er zum Waisen und zunächst von seinem Großvater Abdulmuttalib, dann von seinem Onkel Abu Talib, dem Vater des späteren Kalifen Ali, aufgezogen. Da Muhammads Onkel arm war, hütete er dessen Herde und begleitete ihn gelegentlich auch mit einer Karawane nach Syrien. Im Alter von 25 Jahren führte er eine Karawane der reichen älteren Kaufmannswitwe Khadidscha nach Damaskus (Syrien). Noch im selben Jahr heiratete er sie. Mit ihr hatte er mehrere Kinder. Seine Söhne Kasim und Abdullah starben früh. Die Töchter hießen Fatima, Zaynab, Ruqaya und Umm Kulthum. Fatima heiratete Ali, den Sohn von Abu Talib. Aus dieser Ehe stammen die Söhne Hasan und Husayn, die einzigen Enkel des Propheten Muhammad.

Aufgabe

- Wer gehört zur Familie des Propheten Muhammad? Setze die entsprechenden Namen ein!

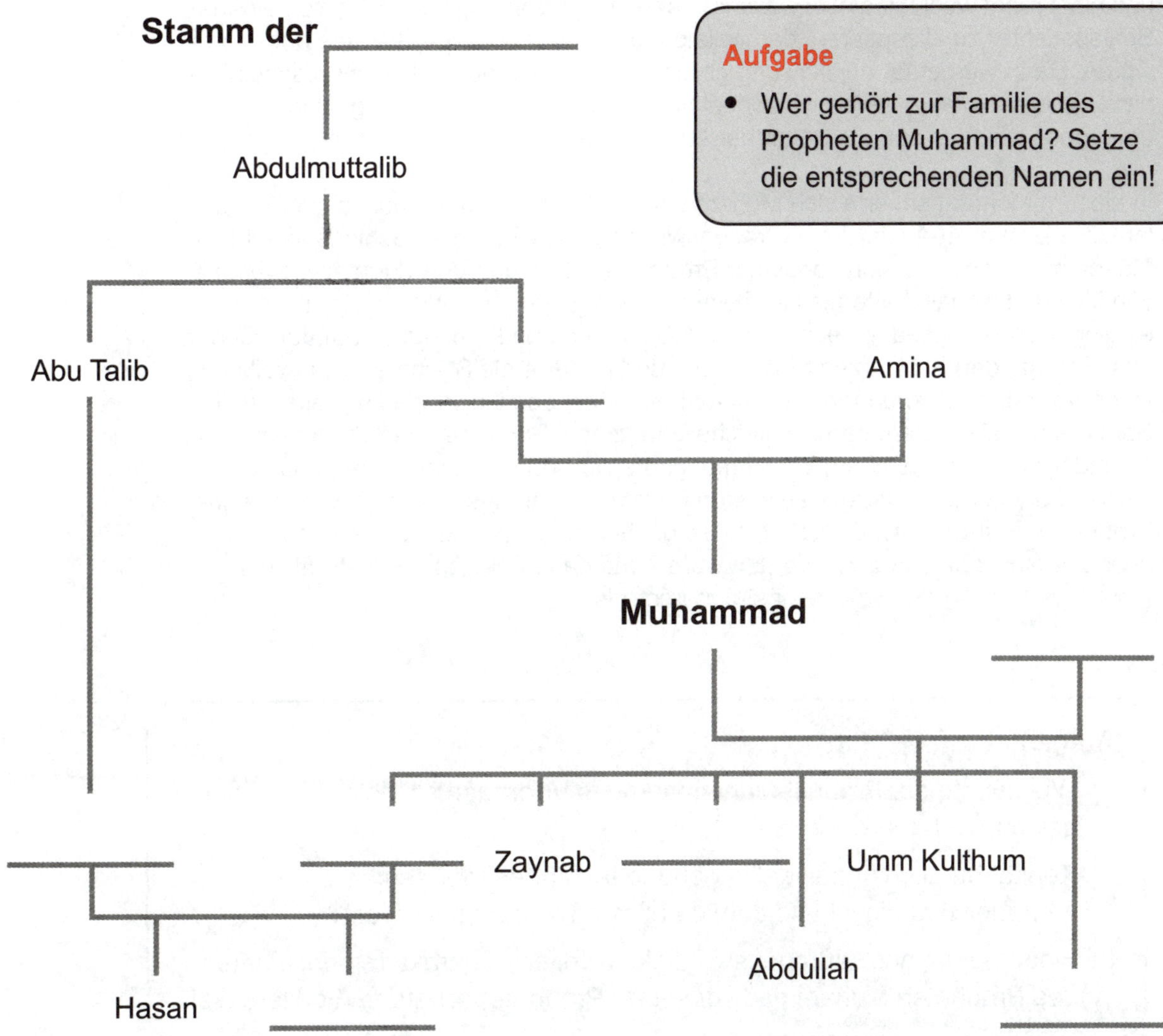

AL-AMIN KOMMT

„Es war ein heißer Tag, was in dieser Gegend eigentlich nichts Außergewöhnliches ist, aber um ein Haar hätten sich die Gemüter so erhitzt, dass Blut geflossen wäre. Zum Glück kam gerade noch rechtzeitig Muhammad herbeigeeilt, der damals gerade einmal 35 Jahre alt war.“ So beginnt die Erzählung eines Augenzeugen, der mit dieser Geschichte fast selbst Geschichte geschrieben hätte. Er fuhr fort:

„Eine starke Überschwemmung hatte an der Kaaba, die schon vor dem Islam das religiöse Zentrum der unterschiedlichen arabischen Stämme war, große Schäden angerichtet. Obendrein war kurze Zeit später auch noch ein Feuer ausgebrochen, das das Heiligtum nahezu vollständig zerstört hatte. Es musste also abgerissen und neu wieder aufgebaut werden. Als man alle Aufbauten bis zu dem Grundstein, den Abraham gelegt hatte, beseitigt hatte, wollte man mit dem Wiederaufbau beginnen. Dafür musste aber zunächst der heilige Schwarze Stein zurück auf seinen Platz gelegt werden.

Nun entbrannte ein heftiger Streit, der sich schnell wie ein Flächenbrand auszubreiten drohte. Jeder Stamm beanspruchte für sich, diese ehrenhafte Aufgabe übernehmen zu dürfen. Denn sie versprach sehr großes Ansehen. Die Schwerter wurden gezückt, und ein Blutvergießen erschien unvermeidlich. Da schlug jemand vor, man solle doch einen Schiedsrichter ernennen, der entscheiden sollte: und zwar denjenigen, der als Nächster das Heiligtum betreten würde. Wir Anwesenden fühlten uns nicht recht wohl mit dieser Lösung, denn jedem von uns fiel es schwer, einen Schiedsrichter zu akzeptieren, der vielleicht einem der anderen Stämme angehören würde. Denn würde der objektiv und gerecht urteilen können? Nein, wahrscheinlich nicht. Trotzdem akzeptierten wir zähneknirschend, und die Spannung stieg, wer denn das Heiligtum nun als Erster betreten würde.

In diesem Moment näherte sich Muhammad. Viele andere und auch ich riefen nun laut: ‚Da kommt *Al-Amîn* (der Vertrauenswürdige), er wird unser Schiedsrichter sein!‘ Muhammad genoss schon vor seiner Prophetenschaft das Vertrauen aller Stämme von Mekka. Deshalb hatte niemand einen Einwand, und wir erklärten ihm, worum es ging. Schnell entledigte er sich seines Gewandes und breitete es auf dem Boden aus. Er legte den Schwarzen Stein darauf und forderte die Stämme auf, jeweils einen Vertreter zu benennen, der dann einen Zipfel des Gewandes ergreifen sollte. Somit wurde allen Stämmen die gleiche Ehre zuteil. Sie hoben den Stein gemeinsam an und trugen ihn zu seinem Bestimmungsort. Dort entnahm ihn Muhammad dem Gewand und legte ihn zurück an seinen Platz. Das anfangs unlösbar erscheinende Problem war auf friedliche Art und Weise gelöst worden, ohne dass jemandem auch nur ein Haar gekrümmt worden wäre - und das dank des unübertrefflichen Scharfsinns Muhammads.“

Aufgaben

1) Wie könnte der Prophet Muhammad das Vertrauen so vieler Menschen gewonnen haben?
2) Kennst du auch in deiner Umgebung jemanden, der sehr vertrauenswürdig ist und dem du alles anvertrauen würdest?
3) Finde neben der Vertrauenswürdigkeit weitere Charaktereigenschaften des Propheten Muhammad vor seiner Prophetenschaft, und erkläre sie!

DER PROPHET ERHÄLT DIE ERSTE OFFENBARUNG

Muhammad (Friede sei mit ihm!) genoss schon bevor er zum Propheten berufen wurde das Vertrauen seiner Mitmenschen. Er war gerade 40 Jahre alt, als ihm die Prophetenschaft übertragen wurde. Zu Beginn wusste er nicht recht, was mit ihm geschah. Er begann, sich von den Menschen zurückzuziehen und die Einsamkeit zu suchen. Als ihm klar wurde, dass er sich gegen diese Gefühle nicht wehren konnte und dass er in Gegenwart seiner Familie und in seiner gewohnten Umgebung keinen Zugang zu diesen Gefühlen hatte, machte er sich mit einigen Vorräten im Gepäck auf den Weg zu der fünf Kilometer von Mekka entfernten Höhle Hira. Dort am Lichtberg blieb er einen Monat lang und ging nur selten in die Stadt, um sich etwas zu essen zu besorgen. Gegen Ende des Monats Ramadan, in der Nacht der Vollmacht, sah er plötzlich den Offenbarungsengel Gabriel, der ihn aufforderte:

„Lies!" *Ich kann nicht lesen,* entgegnete er.

Muhammad beherrschte bis dahin weder Lesen noch Schreiben. Nachdem der Engel seine Aufforderung wiederholt und Muhammad erneut entgegnet hatte, er könne nicht lesen, übermittelte ihm der Engel die erste Offenbarung:

Lies, im Namen deines Herrn, der erschuf. Er erschuf den Menschen aus einem Blutklumpen. Lies; denn Dein Herr ist gütig, der mit dem Schreibrohr lehrt, lehrt den Menschen, was er nicht wusste. (96:1-5)

Tief erschüttert kehrte Muhammad nach Hause zurück. Nachdem er sich wieder gefangen hatte, erzählte er seiner Frau Khadidscha, was ihm widerfahren war. Eine Zeit lang erhielt er keine weiteren Offenbarungen mehr und fürchtete, ein Opfer des Teufels geworden zu sein. Dann aber begab er sich ein zweites Mal zur Höhle am Lichtberg. Wieder erschien ihm Gabriel und sagte: „O Muhammad, du bist der Gesandte, ich bin Gabriel." Die Berufung wiederholte sich also und Muhammad war sich nun ganz sicher, zum Propheten bestimmt worden zu sein.

Berg Hira bei Mekka

EIN LEBEN ALS PROPHET – EIN KURZER ÜBERBLICK

Prophetenschaft
Medina
Islam
Zaynab
Verkündigung
Religion
Abschiedspredigt
Abessinien
Mekka
Friedensvertrag

Muhammad (Friede sei mit ihm!) konnte weder lesen noch schreiben. Als er 40 Jahre alt war, wurde ihm die .... übertragen. (610) Der Prophet Muhammad begann zuerst seinen Verwandten in .... die Wahrheit über Gott zu verkünden. Die ersten Muslime waren Khadidscha, Ali, Zaid und Abu Bakr. Im Laufe der nächsten drei Jahre sprach er dann immer mehr Menschen an. Sein Onkel Abu Lahab stellte sich gegen ihn, aber Abu Talib unterstützte ihn von ganzem Herzen.

Die .... eines neuen Glaubens machte die herrschenden Mekkaner natürlich misstrauisch.
Um die Verbreitung des Islams zu verhindern, war ihnen jedes Mittel recht. Besonders die Schwachen und die Sklaven, die ihre Sympathie für die neue .... erkennen ließen, wurden gnadenlos verfolgt. Die Verfolgung wurde aber noch härter, als auch mächtige Menschen wie Omar den Islam annahmen. Schließlich war die Situation ganz und gar unerträglich. Daraufhin ließ der Prophet Muhammad eine Gruppe von Muslimen nach .... auswandern. Dort wurden sie vom König Negus freundlich aufgenommen. (615) Der Prophet selbst blieb jedoch in Mekka. Er ging in die nahe liegende Stadt Taif, um den .... zu verkünden und neue Helfer zu finden.
Einige Zeit später wanderte der Prophet Muhammad im September 622 von Mekka nach .... aus. Dieses wichtige Ereignis bezeichnet man als Hidschra. Die Auswanderer *(Muhadschirun)* wurden von der Bevölkerung Medinas, den Ansar (Helfern), wie sie später genannt wurden, sehr freundlich empfangen. In Medina unterzeichneten die Muslime mit Juden und Christen einen Vertrag und lebten friedlich zusammen. Die Zahl der Muslime stieg weiter an.

Die Gegner des Propheten Muhammad versuchten jedoch weiterhin, den Aufstieg des Islams zu verhindern. In den folgenden Jahren kam es immer wieder zu Kämpfen: beispielweise die Schlacht von Badr (624), der Uhud-Krieg (625) und der Grabenkrieg in Medina (627). Im Jahr 628 schloss der Prophet mit den Mekkanern den berühmten .... von Hudaybiya. Damit sollte für 10 Jahre Frieden herrschen. Als die Mekkaner diesen jedoch zwei Jahre später brachen, marschierten die Muslime Richtung Mekka und nahmen die Stadt ohne Widerstand ein. (630) Die Bevölkerung wurde verschont, und viele Mekkaner nahmen den Islam an. Trotzdem hörten die Kämpfe mit den benachbarten Stämmen in den nächsten Jahren nicht auf. Allerdings dienten alle vom Propheten geführten Kämpfe der Verteidigung. 632 unternahm der Prophet Muhammad zusammen mit Tausenden von Muslimen die erste Pilgerfahrt des Islams nach Mekka. Hier hielt er vor über 100.000 Menschen seine berühmte .... Zurückgekehrt nach Medina erkrankte er plötzlich schwer und verstarb am 8. Juni 632.

Aufgaben

1) Fülle den Lückentext mit den Begriffen im Kästchen!
2) Teile das Leben des Propheten in mindestens zwei Phasen ein und gib ihnen eine passende Überschrift!
3) Lies die Abschiedspredigt des Propheten, und finde mindestens drei wichtige Gebote, die deiner Meinung nach auch für uns heute sehr wichtig sind!
4) Liste anhand des Textes die wichtigsten Daten im Lebenslauf des Propheten Muhammad auf!

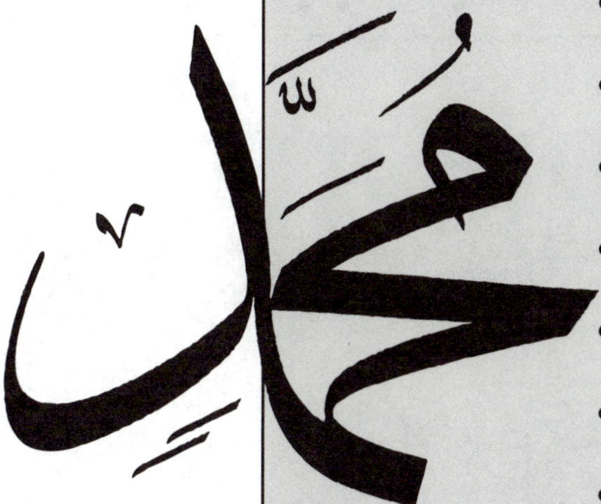

- 571 Geburt des Propheten Muhammad
- ....
- ....
- ....
- ....
- ....
- ....
- ....
- ....
- ....

5) Warum mussten der Prophet und die Muslime nach Medina auswandern? Liste die Gründe auf!
6) Aus welchen Gründen wandern Menschen heute aus? Schreibe anhand der Bilder einen kurzen Text!

DER ZEITRAUM VOR UND NACH DER PROPHETENSCHAFT MUHAMMADS (571-632)

Mekka vor 610

Die führenden Personen der Mekkaner:

- Abu Lahab
- Abu Dschahl
- Abu Sufyan
- Hamza
- Umar

Gesellschaftliche Umstände:

- Es galt das Recht des Stärkeren
- Frauen hatten keinerlei Rechte
- Unmoral war weit verbreitet
- Armen schenkte man keine Beachtung
- Schwache wurden ungerecht behandelt

Glaube:

- Götzenglaube war verbreitet
- Einige glaubten an die alte Religion Abrahams (Hanifen)

Muhammad

571 Tod seines Vaters Abdullah vor seiner Geburt
571 Geburt Muhammads
576 Tod seiner Mutter Amina
595 Heirat mit Khadidscha (um 555-619)

Mekka nach 610

- Mit der ersten Offenbarung in der Höhle Hira auf dem Lichtberg (610) wird Muhammad zum Propheten
- Bis etwa 614 haben die einflussreichen Vertreter der Quraysch keine Einwände gegen die Lehren des Propheten
- Schutz im Haus von Arqam (614)
- Abu Lahab und Abu Dschahil stellen sich gegen den Propheten
- Die erste Auswanderung nach Abessinien (615)
- Die zweite Auswanderung nach Abessinien (616)
- Tod seiner Frau Khadidscha (619)
- Tod seines Onkels und Beschützers (619)
- Der Prophet schickt Mus'ab bin Umayr nach Medina (621)

Medina 622 - 632

622 Auswanderung des Propheten mit seinem engen Freund nach Medina
624 Badr-Krieg
625 Uhud-Schlacht
627 Graben-Krieg in Medina
628 Friedensvertrag mit Mekkanern in Hudaibiya
630 Einnahme Mekkas
632 Abschiedspredigt des Propheten
632 Tod des Propheten in Medina

- Mit der Auswanderung (Hidschra) beginnt der islamische Kalender
- Die Auswanderer (Muhadschirun) werden von der Bevölkerung Medinas, den Ansar (Helfern), sehr freundlich empfangen.
- Unterzeichnung eines Vertrages zwischen Muslimen, Juden und Christen
- Die Zahl der Muslime steigt weiter
- Die Gegner des Propheten versuchen, den Aufstieg des Islams zu verhindern
- In den folgenden Jahren kommt es immer wieder zu Kämpfen
- Nach der unblutigen Eroberung Mekkas vergibt der Prophet den Mekkanern

DIE PROPHETENSCHAFT

Propheten sind von Gott auserwählte Menschen, die mit der Aufgabe betraut wurden, den Menschen den rechten Weg zu zeigen. Einige der Propheten erhielten Offenbarungsschriften, die Heiligen Bücher. Der Glaube an die Prophetenschaft gehört zu den sechs Glaubensgrundlagen.

Grundlegende Eigenschaften und Funktionen, die alle Propheten besitzen, sind:

1) Ehrlichkeit
2) Vertrauenswürdigkeit
3) Intelligenz
4) Sündlosigkeit
5) Übermittlung von Offenbarungen

1) Adem (Adam)
2) Nuh (Noah)
3) Hud
4) Salih
5) Ibrahim (Abraham)
6) Ishak (Isaak)
7) Ismail (Ismael)
8) Lut (Lot)
9) Yaqub (Jakob)
10) Yusuf (Josef)
11) Schuaib
12) Musa (Moses)
13) Harun (Aaron)
14) Davud (David)
15) Suleiman (Salomon)
16) Ayyub (Hiob)
17) Ilyas (Elias)
18) Yunus (Jonas)
19) Usair (Esra)
20) Idris
21) Elyasa (Elisa)
22) Zakariyya (Zacharias)
23) Yahya (Johannes)
24) Isa (Jesus)
25) Muhammad

Friede sei mit ihnen allen!

Im Koran werden noch weitere Personen genannt, bei denen nicht ganz klar ist, ob sie ebenfalls Propheten waren: *Luqman* (Sure 31) zum Beispiel und *Dsul-Kifl* (Sure 21).

Aufgaben

1) Welche von diesen Propheten kennst du schon?
2) Kennst du Menschen mit einem dieser Namen in deiner Umgebung?

DIE GROSSEN PROPHETEN

Der Prophet Noah

Der Koran berichtet davon, dass der Prophet Noah die Sintflut überlebte. (Suren 11 und 71) Das Volk Noahs hatte schwer gesündigt und Gottes Warnungen ignoriert. Deshalb schickte Gott ihm zur Strafe die Sintflut. Nur die Gläubigen und je ein Paar jeder Tiergattung wurden durch die Arche, die Noah baute, vor dem Ertrinken errettet.

Der Prophet Moses

Der Prophet Moses wird im Koran u.a. in den Suren an-Naml und al-Qasas erwähnt. Er war ein Sohn Imrans aus dem Volk Israil. Er wurde in Ägypten geboren, wo zu jener Zeit die zwölf Stämme der Israeliten einen großen Bevölkerungsanteil stellten. Da die herrschenden Ägypter deren zahlenmäßige Übermacht fürchteten, tyrannisierten sie sie. Der Pharao befahl, alle männlichen Säuglinge der Israeliten zu töten. Moses wurde als Baby von Asiya, der Frau des Pharaos, am Flussufer des Nils gefunden und im Palast des Pharaos aufgezogen. Auf dem Berg Tur erhielt Moses später eine Offenbarungsschrift (die Thora) und wurde zum Propheten ernannt. Da er dabei mit Gott sprach, bekam er den Beinamen „Kalimullah“ (der mit Gott gesprochen hat). Moses und sein Bruder Harun (Aaron) forderten den Pharao auf, sich zur Religion Gottes zu bekennen. Mit den Israeliten überquerte er auf wunderbare Weise das Rote Meer und gelangte in die Tihana-Wüste.

Der Prophet Abraham

Abraham (arab.: *Ibrahim*) ist der Vater der Propheten Ishak und Ismail. Ihm wurde ein Buch mit 20 Seiten offenbart. Er war auch der Urvater des Propheten Muhammad. Abraham soll in Urfa, einer Stadt in Südanatolien, geboren worden sein. Er wurde zum Volk von Babel geschickt, das eine Religion namens Saibe hatte, in der Sonne, Sterne und Götzen angebetet wurden. Als er diesem Volk die wahre Religion Gottes verkündete, warfen sie ihn in ein Feuer, das sich auf Geheiß Gottes in einen Rosengarten verwandelte - was Abraham das Leben rettete. Mit seinem Sohn Ismail baute er das Heiligtum der Kaaba wieder auf, in deren unmittelbarer Nähe auch heute noch der Fußabdrucks Abrahams zu finden ist. *(Maqam Ibrahim)* Sein Grab befindet sich in Khalilur-Rahman (Hebron) in Palästina. Die 14. Sure des Korans trägt den Namen „Ibrahim“.

Der Prophet Jesus

Der Prophet Jesus (Isa), Sohn der Jungfrau Maria, wurde auch *„Ruhullah“* (Geist Gottes) genannt. Die Juden konnten nicht akzeptieren, dass Jesus von einer Jungfrau geboren worden war, und wollten seine Mutter deshalb bestrafen. Jesus aber rettete sie, indem er schon in der Wiege zu sprechen begann. Er war ein Gesandter Gottes, der im Alter von 30 Jahren eine Offenbarungsschrift erhielt. Im Koran wird er u.a. auch *„Masih“* (Messias)“ (3:40) oder *„Kalimatu-llah* (das Wort Gottes)“ (4:169) genannt. Er lud die Juden ein, seinem rechten Weg zu folgen, und wirkte zahlreiche Wunder. Trotzdem gab es zunächst nur wenige, die an ihn glaubten; diese nannten sich „Hawari“ (Jünger). Die Juden planten, Jesus zu töten; im Koran wird jedoch unmissverständlich darauf hingewiesen, dass Jesus nicht gekreuzigt wurde. (4:155-156) Stattdessen wurde er von Gott in den Himmel erhoben. Auch wird im Koran deutlich betont, dass Jesus nicht der Sohn Gottes ist. (19:35) Der Islam ist eine rein monotheistische Religion. Er lehrt, dass Gott weder gezeugt wurde noch Selbst gezeugt hat. Jesus hat auch auf das Kommen des Propheten Muhammad hingewiesen. (61:6)

DIE GROSSEN PROPHETEN

Noah: ....

Abraham: ....

Moses: ....

Jesus: ....

Muhammad: ....

Maria	Abdullah	Ismail	Juden	Arche
Masih	Kalimullah	Christen	Miradsch	Thora
Sintflut	Hidschra	Kalimatu-llah	Mekka	Urfa
Medina	Kreuzigung	Pharao	Koran	Jünger
Volk Israel	Hudaybiya	Feuer	Bibel	
Das Rote Meer	Muslime	Kaaba	Abschiedspredigt	

Aufgaben

1) Ordne den Propheten die passenden Wörter aus dem Kästchen zu!
2) Überlege mit deinem Nachbarn, warum Gott so viele Propheten geschickt hat!

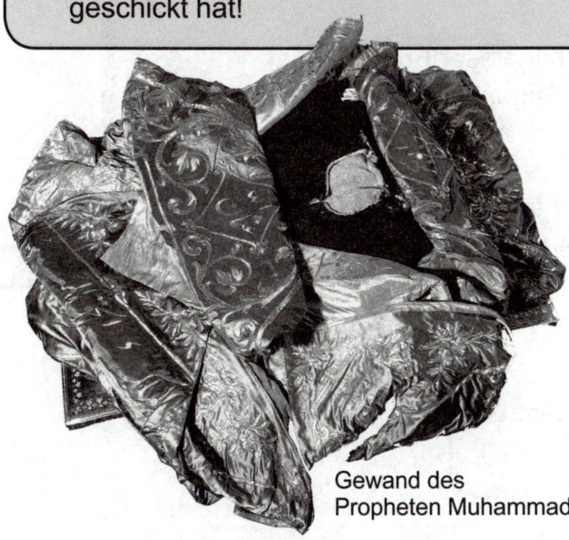

Gewand des Propheten Muhammad

Kochgefäß des Propheten Abraham

MUS'AB BIN UMAYR IM HAUS *AL-ARQAM*

Als Gefährte (*Sahabi*) wird jemand bezeichnet, der zu Lebzeiten des Propheten Muhammad den Islam angenommen und mit ihm zusammengelebt hat oder in seiner Nähe war. Weiterhin ist ein Gefährte jemand, der den Propheten mindestens einmal gesehen hat und als gläubiger Mensch gestorben ist.

Nach der Überlieferung soll es etwa 130.000 Gefährten gegeben haben. Als ein Musterbeispiel für einen Gefährten gilt Mus'ab bin Umayr.

Mus'ab bin Umayr wuchs in einer wohlhabenden Familie auf. Seine reichen Eltern liebten ihn sehr und erfüllten ihm all seine Wünsche. Seine teure Kleidung und seine Schuhe entsprachen der neuesten Mode. Schuhe aus dem Jemen galten damals als äußerst elegant, und Mus'ab trug nur die allerbesten von ihnen. Als Jugendlicher wurde er wegen seines guten Aussehens, seiner Klugheit und seiner schönen Rede bewundert. Er verfügte über einen hervorragenden Charakter.

Als der Prophet Muhammad den Islam verkündete, wollten ihn die Mekkaner daran hindern. Mus'ab hatte erfahren, dass sich der Gesandte und seine Gefährten im Haus des Gefährten Arqam versammelten. (Im Haus *al-Arqam* wurde der Koran rezitiert. Hier erklärte der Prophet Muhammad seinen Gefährten den Islam, und man unterhielt sich über die neue Religion.) Um seine Neugier zu stillen, ging er dorthin, ohne sich von den Gefahren abschrecken zu lassen. Er beobachtete, wie der Prophet die kleine Gruppe von Gefährten unterrichtete, indem er für sie Koranverse rezitierte und mit ihnen in Hingabe zu Gott das Gebet verrichtete. Ein tiefes Gefühl der Zufriedenheit überwältigte Mus'ab. Er war fasziniert von dem, was er sah und hörte: Die Worte des Korans beeindruckten ihn sehr. Der entschlossene junge Mann entschied sich, den Islam anzunehmen. Dieses Ereignis war ein entscheidender Wendepunkt in seinem Leben. Mit all seinen Kräften stand er nun im Dienst des Islams und trug dazu bei, den Lauf der Geschichte in eine neue Richtung zu lenken.

Mus'abs größte Sorge war, dass seine Mutter mit dieser Entscheidung nicht einverstanden sein würde. Sie hatte das Sagen in der Familie. Ihren Widerstand würde er nicht auf die leichte Schulter nehmen können. Trotzdem besuchte er auch weiterhin regelmäßig das Haus *al-Arqam*, um in der Nähe des Propheten zu sein und seinen neuen Glauben zu stärken. Es dauerte nicht lange, bis alle wussten, dass er sich zum neuen Glauben bekannt hatte.

Aufgaben

1) Warum hat sich Mus'ab bin Umayr zum Islam bekannt?
2) Liste die Charaktereigenschaften Mus'abs auf!

VOM LUXUS ZUM WAHREN REICHTUM

Mus'abs Mutter erfuhr von seinem Übertritt zum Islam. Und sie verlangte, dass er sich vor ihr und seinen Verwandten dazu äußern sollte. Also sprach er ruhig und bescheiden und bestätigte seinen Übertritt. Er rezitierte Verse aus dem Koran und versuchte ihnen deutlich zu machen, wie die Offenbarung die Herzen der Gläubigen läutert. Er erklärte ihnen, wie der Koran sie zur ursprünglichen Reinheit des Glaubens an den Einen Gott zurückführt und sie mit Weisheit, Gerechtigkeit und Mut erfüllt. Seine Mutter, die ihn sehr liebte, wurde aber immer wütender und fühlte sich verpflichtet, ihren Sohn zurechtzuweisen. Sie ließ ihn fesseln und einsperren, um alle Kontakte zu seinen muslimischen Freunden zu unterbinden. So wurde er zu einem Gefangenen im eigenen Haus. Mus'ab aber hielt an seinem Glauben fest.

Für die Muslime wurde das Leben in Mekka mit der Zeit immer unerträglicher. Sie wurden verfolgt und schikaniert. Als Mus'ab hörte, dass eine Gruppe von Muslimen heimlich nach Abessinien flüchten wollte, entschied er sich, mit ihnen zu gehen. Einmal nur passten seine Mutter und die Aufseher nicht auf, und schon nutzte er die Gelegenheit zur Flucht. Kurz darauf segelten sie über das Rote Meer nach Afrika (615). Obwohl die Muslime im Land des Negus Frieden und Sicherheit fanden, sehnten sie sich danach, in Mekka in der Nähe ihres geliebten Propheten zu sein. Und als Gerüchte aufkamen, in Mekka habe sich die Lage der Muslime verbessert, gehörte Mus'ab zu den Ersten, die zurückkehrten. Leider aber erwiesen sich die Gerüchte als falsch, und Mus'ab machte sich erneut auf den Weg nach Abessinien. Ob in Mekka oder in Abessinien - Mus'ab blieb in seinem neuen Glauben stark und gestaltete sein Leben nach den Geboten des Schöpfers.

Als Mus'ab abermals nach Mekka zurückgekehrt war, unternahm seine Mutter einen letzten Versuch, ihn wiederzugewinnen. Sie drohte ihm, ihn erneut fesseln und einsperren zu lassen. Mus'ab aber schwor, dass er dies auf keinen Fall mit sich machen lassen werde. Daraufhin verbannte sie ihn aus ihrem Haus und entzog ihm all den Luxus, mit dem sie ihn früher überhäuft hatte. Sie sagte zu ihm: „Geh deinen eigenen Geschäften nach! Ich bin nicht länger deine Mutter."

Da ging Mus'ab ein letztes Mal auf sie zu und erwiderte: „Mutter, ich gebe dir einen aufrichtigen Rat. Ich mache mir Sorgen um dich. Bezeuge, dass es keine Gottheit außer Gott gibt und Muhammad Sein Gesandter ist!" Sie jedoch lehnte ab: „Bei den Sternschnuppen schwöre ich: Ich werde niemals in deine Religion eintreten, selbst wenn ich dafür verspottet werde und mein Verstand schwach wird."

So verließ Mus'ab sein Elternhaus und verzichtete auf allen Luxus und Komfort. Der einstmals so elegante junge Mann wurde danach nur noch in einfacher Kleidung gesehen. Er hatte sich jetzt um wichtigere Dinge zu kümmern, denn er ging ganz darin auf, sich Wissen anzueignen und Gott und Seinem Propheten zu dienen.

Aufgaben

1) Erkläre, was mit der Überschrift „Vom Luxus zum wahren Reichtum" im Zusammenhang mit Mus'ab bin Umayr gemeint ist!
2) Wie erklärst du dir, dass heute viele Menschen nach immer mehr Reichtum streben, während Mus'ab auf all dies verzichtete?
3) Welche Charaktereigenschaften von Mus'ab bin Umayr können auch für die Jugend von heute vorbildlich sein?

MUS'AB BIN UMAYR ALS LEHRER

Eines Tages saßen Mus'ab bin Umayr und Sa'd bin Zarara in der Nähe eines Brunnens in einem Obstgarten in Medina. Um sie hatten sich viele neue Muslime geschart und dazu weitere Interessierte. Da näherte sich Usayd bin Khudayr, ein Stammesführer, der sehr wütend war. Es entspann sich folgender Dialog:

Sa'd (zu Mus'ab gewandt): „Mus'ab, Usayd ist das Oberhaupt seines Stammes. Möge Gott die Wahrheit in sein Herz legen!"

Mus'ab: „Wenn er sich setzt, werde ich mit ihm reden"

Usayd: „Warum bist du zu uns gekommen? Willst du die Schwachen unter uns verderben? Halte dich fern von uns, wenn dir dein Leben lieb ist!"

Mus'ab: „Möchtest du dich nicht setzen und mir erst einmal zuhören? Wenn du mit dem, was ich sage, einverstanden bist, dann akzeptiere es. Wenn es dir nicht gefällt, werden wir nicht länger hier bleiben"

Usayd: „Meinetwegen."

Er pflanzte seinen Speer in den Boden und setzte sich. Mus'ab machte ihn mit den Grundsätzen des Islams vertraut und rezitierte ihm aus dem Koran.

Usayd: „Wie wunderschön sind diese Worte und wie wahr! Was muss man tun, wenn man diese Religion annehmen möchte?"

Mus'ab: „Reinige dich und deine Kleidung! Dann sprich das Glaubensbekenntnis (*Schahada*), und verrichte das Gebet!"

Usayd verließ die Versammlung und kehrte nach kurzer Zeit zurück. Nach seinem Bekenntnis, dass es keine Gottheit außer Gott gibt und Muhammad Sein Gesandter ist, betete er zwei *Rak'at*.

Dann sagte er: „Neben mir gibt es noch einen weiteren Mann: Wenn er euch folgt, dann werden dies auch all seine Gefolgsleute tun. Ich werde ihn jetzt zu euch schicken. Sein Name ist Sa'd bin Mu'adh." Auch dieser Mann konnte schnell überzeugt werden und nach ihm noch eine weitere einflussreiche Persönlichkeit - Sa'd bin Ubada.

Schon bald darauf hieß es in Medina: „Man sagt, von Mus'abs Lippen geht die Wahrheit aus."

Aufgaben

1) Wie verhält sich Mus'ab bin Umayr, als Usayd ihn auffordert zu verschwinden?
2) Spielt dieses Ereignis in einem Rollenspiel nach! Erzählt danach, wie ihr euch in dieser Rolle gefühlt habt!
3) Findet zu einem der im Text erwähnten Gefährten Informationen über sein Leben! (Tipp: Bücher, Internet, Zeitschriften!)

MUS'AB BIN UMAYR IN MEDINA

Trotz aller Feindseligkeiten der Mekkaner verbreitete sich der Islam weiter. Eine kleine Gruppe von Gläubigen aus Medina verlangte vom Propheten, er solle ihnen einen Lehrer schicken. Daraufhin entsandte der Prophet Mus'ab nach Medina, damit er dort den Islam unterrichtet.

Mus'ab betrat Medina als Gast des Sa'd bin Zurara. Zusammen gingen sie zu den Menschen, suchten ihre Häuser auf und nahmen an ihren Versammlungen teil. Sie berichteten ihnen über den Propheten, erklärten ihnen den Islam und rezitierten den Koran. Sie lebten den Islam so vorbildlich vor, dass viele die neue Religion annahmen. Diese Tatsache beunruhigte jedoch viele führende Persönlichkeiten Medinas zutiefst.

Mus'ab erfüllte seine Aufgabe, die er vom Propheten erhalten hatte, pflichtbewusst. Knapp ein Jahr nach seiner Ankunft in Medina machte er sich während der Pilgerzeit mit einer Gruppe von 75 Muslimen auf den Weg nach Mekka. Bei Aqaba in der Nähe von Mekka schworen sie, den Propheten um jeden Preis zu schützen.

> Als Mus'ab einmal zusammen mit einigen Muslimen um den Propheten saß, schaute der Prophet ihn lächelnd an und sagte: „Ich habe diesen Mus'ab mit seinen Eltern in Mekka gesehen. Sie erfüllten ihm jeden Wunsch und schenkten ihm ihre ganze Aufmerksamkeit. Unter den Quraisch gibt es keinen Jugendlichen wie ihn. Denn er verzichtete auf alles Weltliche, strebte nur noch nach dem Wohlgefallen Gottes und widmete sich ganz dem Dienst an Seinem Propheten."

Kurz danach wies der Prophet seine verfolgten Anhänger an, von Mekka nach Medina auszuwandern. Dort warteten die neuen Muslime (*Ansar* = Helfer), die ihre Bereitschaft erklärt hatten, den verfolgten Muslimen von Mekka Unterstützung zu gewähren. Zu den ersten Gefährten, die in Medina eintrafen, gehörte auch Mus'ab bin Umayr. Das nächste bedeutungsvolle Ereignis für die Muslime war die siegreiche Schlacht von Badr (624).

Bei der Schlacht von Uhud (625) ernannte der Prophet Mus'ab zum Fahnenträger. Nach der Schlacht ging der Prophet mit seinen Gefährten über das Schlachtfeld, um von den Märtyrern Abschied zu nehmen. Einer von diesen Märtyrern war Mus'ab. Es flossen Tränen. Die Gefährten konnten außer Mus'abs eigenem Gewand kein Tuch finden, das sie als Leichentuch für seinen Körper hätten verwenden können. Dieses aber war zu kurz; wenn sie seinen Kopf bedeckten wollten, blieben die Beine frei, wenn sie es über die Beine zogen, blieb der Kopf frei. Der Prophet sagte: „Legt das Gewand über seinen Kopf, und bedeckt seine Füße und Beine mit Blättern". Der Prophet empfand tiefen Schmerz und große Trauer. Er erinnerte sich daran, wie er den modisch und elegant gekleideten Mus'ab zum ersten Mal in Mekka gesehen hatte, und blickte auf das kurze Obergewand, das ihm bei seinem Tode als Einziges noch geblieben war.

Aufgaben

1) Schreibe auf, wohin, wie oft und warum Mus'ab seine Heimatstadt verlassen musste!
2) Schreibe einen Lebenslauf von Mus'ab mit den wichtigsten Ereignissen und Daten in Stichpunkten!
3) Finde noch 10 Namen von weiteren Gefährten und schreibe sie in dein Heft! (Tipp: Eltern, Imam, Internet usw.)
4) Was möchte der Prophet mit seinen Äußerungen im Kästchen sagen?

DER KORAN

Der Koran ist das heilige Buch des Islams. Er wurde herabgesandt

1) dem Propheten Muhammad
2) in arabischer Sprache
3) Wort für Wort
4) erstmalig in der „Nacht der Bestimmung“ (*Laylat al-qadr*)
5) im Monat Ramadan
6) durch den Engel Gabriel.

Der Koran besteht aus 114 Suren (Kapiteln, Abschnitten), die jeweils in Verse oder Ayat (Zeichen) unterteilt sind. Der Koran ist nicht auf einmal, sondern ab 610 n. Chr. über 23 Jahre hinweg offenbart worden. Zwei Drittel des Korans wurde in Mekka (über 13 Jahre) und ein Drittel in Medina (über 10 Jahre) offenbart.

Themenschwerpunkte des Korans:

1) Die Einheit Gottes
2) Die Prophetenschaft
3) Die Auferstehung nach dem Tod
4) Gerechtigkeit und Gebete

Der Koran hat also folgende Hauptziele: Er soll auf die Existenz und Einheit Gottes hinweisen, Beweise für die Prophetenschaft und das Jenseits liefern, für das gerechte Handeln und für die Anbetung Gottes werben.

Der Koran beinhaltet

- Grundlegende Prinzipien wie den Glauben an die Einheit Gottes, an das Jenseits und an die Prophetenschaft (10:18; 19:88-89; 36:77-78; 45:25-26; 10:108)
- Grundsätze, die das Leben der Menschen regeln (17:31-38)
- Ausführliche Informationen über die Wiederauferstehung und das Leben nach dem Tod (36:55-57; 76:5-6; 74:26-34; 78:21-26)
- Geschichten über die Propheten (2:132-140; 6:84:86; 10:98:37:139)
- Anweisungen zum Beten (17:78-79;18:28, 30, 31)
- Moralische Maßstäbe (17:22-27)
- Direkte und indirekte Informationen zu wissenschaftlichen Tatsachen (15:16-22)
- Erklärungen zum Aufstieg und Fall von Gesellschaften (15:52-79; 78:21-27)

Aufgaben

1) Ordne diese Inhalte den Themenschwerpunkten oben zu!
2) Suche die in Klammern angegebenen Koranverse heraus!

DER KORAN IM ÜBERBLICK

- Das Wort Koran (*Qur'ân*) bedeutet in der arabischen Sprache „Lesung, Vortrag, oft Gelesenes". Er besteht aus .... bei denen es sich ohne jeden Zweifel um die Worte Gottes handelt. Der Koran ist bis zum heutigen Tag erhalten geblieben und wurde von keinem Menschen verändert. Die Lesung der Worte Gottes gilt als ....
- Schon vor dem Propheten .... gab es weitere Propheten, die ähnliche Schriften und Bücher erhielten. Zum Beispiel erhielten die Propheten Adam, Noah und Abraham Schriften, die aus einzelnen Seiten bestanden. David wurden die Psalmen (das heilige Buch *Sabur*) herabgesandt, Moses die .... und Jesus die Evangelien.
- Der Koran wurde dem Propheten Muhammad in einem Zeitraum von ....offenbart. Er hat 114 Suren (Kapitel), von denen 86 in Mekka und 28 in .... herabgesandt wurden.
- Die ersten Verse wurden im Jahr 610 n. Chr. im Monat .... in der *Nacht der Bestimmung* (*Laylat al-Qadr*) herabgesandt. Alle Suren außer der Sure *At-Tawba* beginnen mit den Worten „Im Namen Gottes des Erbarmers, des Barmherzigen!". Diese werden auch als .... benannt.
- Die Koransuren bestehen aus einzelnen .... oder Satzteilen, die man *Ayat* (Vers; Einzahl: *Aya*) nennt. Aya bedeutet auch Wunder, Zeichen, Beweis. Insgesamt besteht der Koran aus 6.236 Ayat. Die zweite Sure .... ist mit 246 Versen die längste Sure. Die 108. Sure *Al-Kawthar* mit drei Versen die kürzeste Sure. Das erste offenbarte Wort des Korans lautet auf Deutsch: „Lies!" (*Iqra*)

Versen

Medina

Basmala

Muhammed

Al-Baqara

Sätzen

Thora

Ramadan

Gebet

23 Jahren

Aufgaben

1) Fülle die Lücken mit den Wörtern aus dem Kästchen! Benutze zur Hilfe auch die Informationen auf der vorigen Seite!
2) Ordne den vier Propheten die Heiligen Bücher zu!

Propheten	Die Heiligen Bücher
	Psalmen
Muhammad	

✔ Erstelle in deinem Heft eine Mind-Map über den Aufbau des Korans!

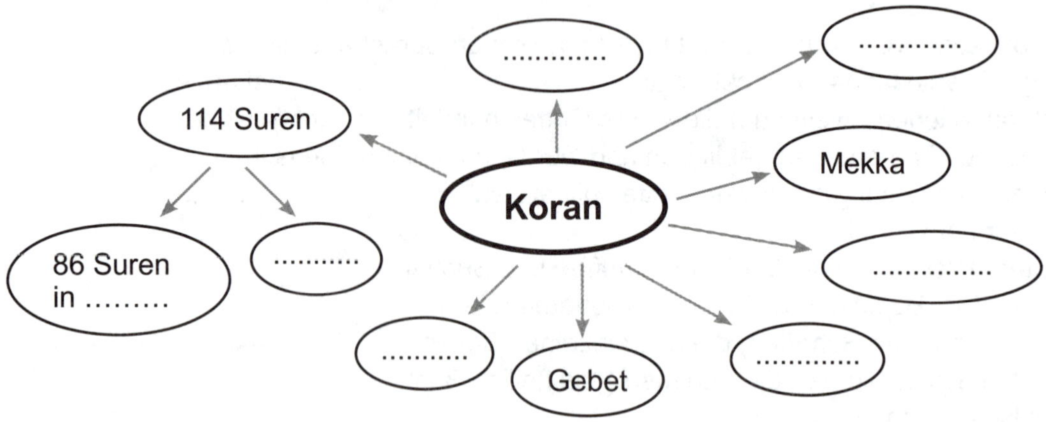

WAS SAGT DER KORAN ÜBER SICH SELBST?

Der Monat Ramadan ist es, in dem der Koran als Rechtleitung für die Menschen herabgesandt worden ist und als klarer Beweis der Rechtleitung und der Unterscheidung.
(2:185)

Und dieser Koran hätte nicht ersonnen werden können, außer durch Gott. Vielmehr ist er eine Bestätigung dessen, was ihm vorausging, und eine ausführliche Erklärung der Schrift - darüber herrscht kein Zweifel - vom Herrn der Welten.
(10:37)

Wahrlich, dieser Koran leitet zum wirklich Richtigen und bringt den Gläubigen, die gute Taten verrichten, frohe Botschaft, auf dass ihnen großer Lohn zuteil werde.
(17:9)

Und wahrlich, Wir haben den Koran zur Ermahnung leicht gemacht. Gibt es also einen, der ermahnt sein mag?
(54:17)

Aufgaben
1) Welche Namen des Korans findest du in diesen Versen? Vergleiche sie mit den Namen unten!
2) Wähle fünf Namen des Korans aus und erkläre sie mit eigenen Worten!

Der Koran besitzt viele Beinamen, die seine einzelnen Eigenschaften erläutern. Einige von ihnen sind:

- Das Buch
- Die Erinnerung
- Der Ratschlag
- Das Licht
- Die Rechtleitung
- Der Heiler
- Die Mutter der Bücher
- Die Wahrheit
- Die Ermahnung
- Die frohe Kunde
- Das Wissen
- Der Klare

WIE DER PROPHET DEN KORAN BESCHREIBT

Der Prophet Muhammad charakterisiert den Koran folgendermaßen:

Der Koran trennt die Wahrheit von der .... Mit ihm ist nicht zu spaßen, denn wer ihn zurückweist, wird bestraft werden. Er enthält die Geschichte der Völker der Vergangenheit und .... über jene Völker, die noch kommen werden. Er steht über den Meinungsversch iedenheiten der .... Diejenigen, die an anderer Stelle ....suchen, werden von Gott in die Irre geführt. Er ist das straffe .... Gottes, der .... Ratschlag und der gerade .... Er ist ein Buch, das von Begierden nicht durcheinander gebracht und von Zungen nicht verwirrt werden kann; er ist ein Buch, das die Gelehrten nicht langweilt oder aufgrund von Wiederholungen ermüdet, ein Buch, das über unzählige bewundernswerte Aspekte verfügt. Alle, die es hören, sagen: „Wir haben einen wundervollen .... gehört, der uns zur .... anleitet, und deshalb glauben wir an ihn.“ Wer seine Worte auf den Koran stützt, spricht die .... Wer nach ihm urteilt, urteilt .... , und wer sich an ihn wendet, wendet sich an die Wahrheit.

(*Tirmidhi*)

Koran	Menschen	gerecht	Nachrichten
Rechtschaffenheit	Seil	weise	Weg
Wahrheit	Lüge	Rechtleitung	

Aufgaben

1) Setze die Begriffe in die richtigen Lücken ein!
2) Liste fünf der hier genannten besonderen Eigenschaften des Korans auf!

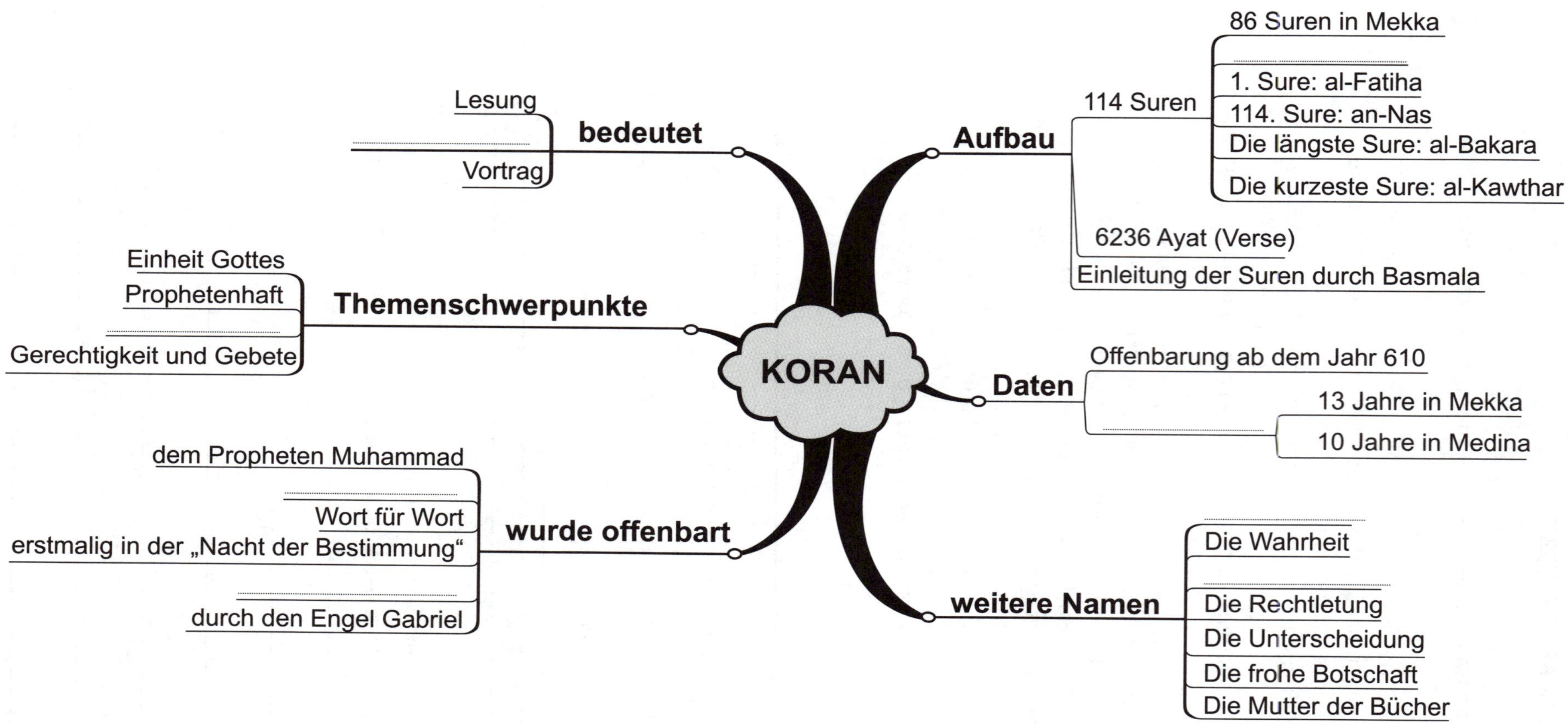

Aufgabe

- Ordne die Begriffe im Kästchen den passenden Stellen in der Mind-Map zu!

28 Suren in Medina — Wissen — oft Gelesenes — Wiederauferstehung — im Monat Ramadan — in arabischer Sprache — in 23 Jahren — Ratschlag

SUNNA UND HADITHE

Das arabische Wort „Sunna“ heißt wörtlich übersetzt u.a. Weg und Vorbild des Propheten Muhammad. Neben dem Koran ist die Sunna die zweitwichtigste Quelle des Islams. Sie gibt Gebote und Verbote vor. Sie formuliert Regeln für die religiösen Pflichten und für das tägliche Leben.

Die Sunna ist untrennbar mit dem Koran verbunden. Sie erklärt das, was im Koran vieldeutig ist. Sie beschreibt ausführlich, was im Koran nur kurz erwähnt wird und wie er gelebt werden kann.

Die Sunna wurde in den Hadithen des Propheten Muhammad überliefert. In diesen Hadithen finden wir seine Worte, Empfehlungen und Anweisungen.

Yunus Emre-Moschee, Hamm

Ein Beispiel für die enge und untrennbare Beziehung zwischen dem Koran und der Sunna liefert die folgende Ausführung:

> *Darum preiset Gott, wenn ihr den Abend erreicht und wenn ihr am Morgen aufsteht - Und (verkündet) dass alle Dankbarkeit in den Himmeln und auf Erden Ihm gebührt - und am Nachmittag und wenn ihr die Mittagszeit erreicht.* (30:17-18)

In diesem Koranvers wird das Gebet zur Pflicht eines Muslims erklärt. Daraus geht aber nicht hervor, wie und in welcher Abfolge es verrichtet werden soll. Wie das Gebet aussieht und durchgeführt wird, hat der Prophet Muhammad vorgelebt. Nach seiner Sunna wird seitdem das Pflichtgebet mit den dafür festgelegten Haltungen (wie *Sadschda, Ruqu, Qiyam*) von Muslimen verrichtet. Also; was im Koran steht, wird durch die Sunna in die Praxis umgesetzt.

Die wichtigsten Hadith-Sammlungen sind:

1) Bukhari, Sahih (Bukhari: 810-870)
2) Muslim, Sahih (Muslim: 817/821-875)
3) Abu Dawud, Sunan (Abu Dawud: 817-888)
4) Tirmidhi, Sunan (Tirmidhi: 815-892)
5) Nisai, Sunan (Nisai: 830-915)
6) Ibn Madsche, Sunan (Ibn Madscha: 824-886)

EINE AUSWAHL VON HADITHEN

Die vor den Hadithen stehenden Namen bezeichnen diejenigen Gefährten, die den jeweiligen Hadith direkt vom Propheten gehört und weitergegeben haben. Von den Hadith-Sammlern in den Klammern wurden diese Aussprüche schließlich in Büchern zusammengefasst.

1) **Nach Anas**
Bei dem, in dessen Hand meine Seele ist: Niemand von euch ist (wirklich) gläubig, bis er seinem Bruder wünscht, was er sich selbst wünscht.
(Bukhari, Muslim, Tirmidhi)

2) **Nach Anas**
Verkündet, was froh macht, verkündet nicht, was erschreckt. Macht es den Menschen leicht, macht es ihnen nicht schwer.
(Bukhari, Muslim)

3) **Nach Ibn Umar**
Die Schamhaftigkeit ist ein Teil des Glaubens.
(Bukhari, Muslim)

4) **Nach Abu Hurayra**
Der schlimmste Mensch ist der Mensch mit zwei Gesichtern. Er begegnet den einen mit einem Gesicht und den anderen mit einem anderen Gesicht.
(Bukhari, Muslim)

5) **Nach Ibn Umar**
Der Muslim ist der Bruder des Muslims.
Er behandelt ihn nicht ungerecht und weist ihn nicht zurück.
Wer seinem Bruder in der Not beisteht, dem steht Gott in seiner Not bei.
(Bukhari, Muslim)

6) **Nach Abu Hurayra**
Wer an Gott und an den Jüngsten Tag glaubt, soll Gutes reden oder schweigen.
Wer an Gott und an den Jüngsten Tag glaubt, soll seinen Nachbarn ehren.
Wer an Gott und an den Jüngsten Tag glaubt, soll seinen Gast ehren.
(Bukhari, Muslim)

Aufgabe

- Stelle fest, welche wichtigen Gebote und Verbote der Prophet Muhammad in diesen Hadithen für Muslime bestimmt! Diskutiere deine Ergebnisse dann mit deinem Partner!

Quelle: A. Theodor Khoury, So sprach der Prophet, GTB, 1998

DIE SCHÖNEN VORBILDER: DIE PROPHETEN ABRAHAM UND MUHAMMAD

Die Propheten Abraham und Muhammad werden im Koran als besonders gute Vorbilder für die Menschheit dargestellt.

Der Koran erwähnt u.a. folgende vorbildliche Charaktereigenschaften Abrahams:

- Demut (Ergebenheit)
- Bescheidenheit
- Kontrolle von starken Gefühlen und Wünschen
- Aufrichtigkeit
- Makellosigkeit (Reinheit)
- Geduld
- Standhaftigkeit (Charakterfestigkeit)
- Freigebigkeit
- Gastfreundschaft
- Versprechenstreue
- Besondere Hilfsbereitschaft für arme und vernachlässigte Menschen

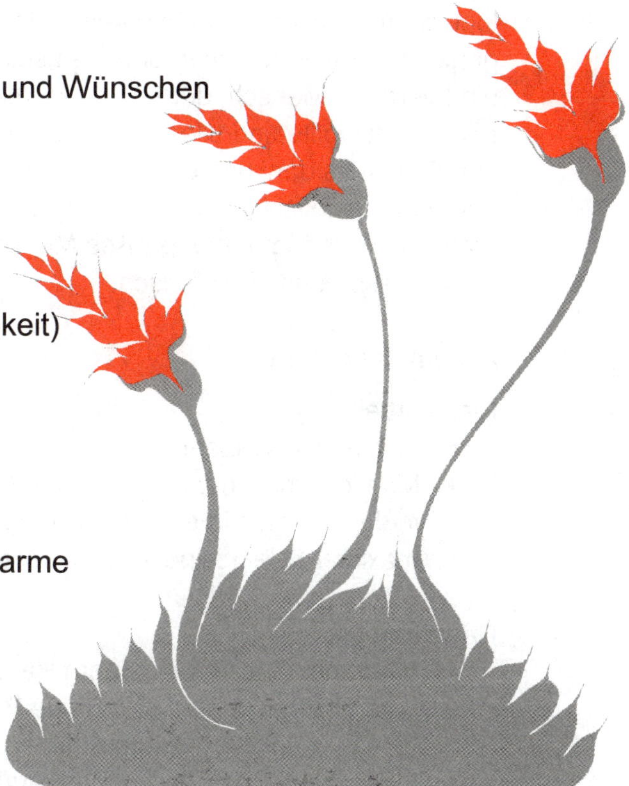

Aufgaben

1) Erklärt euch gegenseitig die Begriffe!
2) Welche dieser Werte brauchen Menschen in der Welt von heute, und warum?
3) Überlegt euch eine Situation aus dem Alltag, in der diese Werte wichtig sind!

Beispiel: Kontrolle von starken Gefühlen und Wünschen

Du sitzt in der Schule und langweilst dich. Du wünschst dir, jetzt Fußball zu spielen. Aber das geht leider nicht, weil du am Unterricht teilnehmen musst. Deshalb freust du dich auf die Pause.

DER PROPHET ABRAHAM ALS SCHÖNES VORBILD

In welcher Hinsicht ist der Prophet Abraham vorbildlich?

Der Islam bietet uns Vorbilder, aus denen unsere Gesellschaften Hoffnung schöpfen können. Diese Vorbilder sind für alle Zeiten gleich wertvoll. Zwei Beispiele sind die Propheten Muhammad und Abraham. Die Eigenschaften des Propheten Abraham zum Beispiel werden im Koran ausführlich vorgestellt:

Er war ein Symbol der Tugendhaftigkeit. Sein Glaube entsprang logischem Denken. Er betete keine Götzen an. Er gab sich Gott ganz hin. Er war aufrichtig und hielt seine Versprechen. Er war ein toleranter Mensch, der seinen Mitmenschen das Leben erleichtern wollte und alles für sie tat. Er war geduldig und fromm und Gott stets dankbar. Er war reinlich, verantwortungsbewusst und gastfreundlich. Seine Anbetung Gottes war außerordentlich kraftvoll. Er verfügte über großes Mitgefühl. Er war offenherzig, entschlossen und kämpferisch.

Aufgabenstellung

Einzelarbeit:

- Lies den Text leise!
- Markiere mit einem Bleistift die Begriffe, die auf die Frage in der Überschrift eine Antwort geben. Du darfst aber maximal 16 einzelne Wörter/Begriffe unterstreichen.

Partnerarbeit:

- Verständige dich mit deinem Partner über die unterstrichenen Begriffe. Beide Partner sollen möglichst die gleichen Wörter unterstrichen haben, sich also einigen.
- Listet die Begriffe dann unten auf!

DIE BEDEUTUNG DES PROPHETEN ABRAHAM

Die Bedeutung des großen Propheten Abraham (Friede sei mit ihm!) wird im Islam u.a. so dargestellt:

- Der Koran beschreibt Abraham als einen Menschen, der sich Gott voll und ganz anvertraute.

  Wahrlich, die Menschen, die Ibrahim am nächsten stehen, sind jene, die ihm folgen. (3:68)

- Der Prophet Muhammad sagte auch:

  Mein Herr hat mich auf den rechten Pfad geleitet; den Weg des ewig wahren Glaubens, den Weg, den Ibrahim, der niemanden außer Gott verehrte, mit aller Aufrichtigkeit geebnet hat.

- Jedes der fünf täglichen Pflichtgebete der Muslime endet mit einer Würdigung seiner Person:

  O Gott, gib Deinen Segen Muhammad und seinen Nachfolgern, wie Du Deinen Segen Ibrahim und seinen Nachfolgern gegeben hast; wahrlich, Du bist der zu Lobende, der Ruhmreiche.

  O Gott, segne Muhammad und seine Nachfolger, wie Du Ibrahim und seine Nachfolger gesegnet hast; wahrlich, Du bist der zu Lobende, der Ruhmreiche.

- Die Kaaba, das zentrale Heiligtum der Muslime in Mekka, in deren Richtung Muslime sich bei ihren täglichen Gebeten wenden, wurde von Abraham und seinem Sohn Ismail erbaut.

- Mehrere Rituale, die von muslimischen Pilgern während der Hadsch in der Stadt Mekka verrichtet werden, erinnern an Begebenheiten aus Abrahams Leben:

  - Das Umschreiten der Kaaba durch die Pilger (*Tawâf*)
  - Das siebenmalige Zurücklegen der Wegstrecke zwischen den Hügeln Safa und Marwa nahe der Kaaba. (*Sa'y*)
  - Die Opferschlachtung in Mina
  - Die Steinigung des Teufels in Mina

Aufgaben

1) Der Prophet Abraham ist der Urvater der drei monotheistischen Religionen. Wie heißen diese Religionen?
2) Wie ehren die Muslime den Propheten Abraham?
3) Warum ist er so wichtig?

DER PROPHET MUHAMMAD ALS SCHÖNES VORBILD

Der Koran sagt, dass der Prophet über „großartige Charaktereigenschaften“ verfügt (68:4), und er empfiehlt den Muslimen, nach seinem schönen Vorbild zu handeln:

> ***Ihr habt an dem Gesandten Gottes ein schönes Vorbild für jeden, der auf Gott und den letzten Tag hofft und Gottes häufig gedenkt.***
>
> (33:21)

Die Tugenden, die der Prophet Muhammad den Muslimen empfiehlt, besitzt er auch selbst.

Hier eine Liste:

1. Vertrauenswürdigkeit
2. Treue
3. Geduld
4. Freigebigkeit
5. Gerechtigkeit
6. Bescheidenheit
7. Aufrichtigkeit
8. Nachsicht (Rücksicht, Einsicht)
9. Ausdauer
10. Bereitschaft zu vergeben
11. Barmherzigkeit
12. Friedfertigkeit
13. Mut
14. Schamhaftigkeit
15. Guter Umgang
16. Liebe zur Arbeit
17. Heiterkeit

Aufgabe

- Wähle fünf Tugenden aus, die du für besonders wichtig hältst! Erkläre sie!

WIE MAN GEIST UND KÖRPER ZERSTÖRT

Aufgaben

1) Was fällt dir zu diesem Bild ein? (Stichworte)
2) Schreibe mit Hilfe dieser Stichworte einen Text!
   Was für ein Leben könnte er führen, wenn er diesen Weg nicht beschritten hätte?
3) Wer lacht so hinterlistig, und warum?

KORANVERSE ÜBER DIE GESUNDE SEELE UND DEN GESUNDEN KÖRPER

Sie versuchen, Gott und die Gläubigen zu betrügen, und doch betrügen sie nur sich selbst, ohne dass sie dies empfinden. In ihren Herzen ist eine Krankheit, und Gott mehrt ihre Krankheit, und für sie ist eine schmerzliche Strafe dafür (bestimmt), dass sie logen. (2:9-10)

O Kinder Adams, habt eine gepflegte Erscheinung an jeder Gebetsstätte, und esst und trinkt, doch überschreitet (dabei) das Maß nicht; wahrlich, Er liebt nicht diejenigen, die nicht Maß halten. (7:31)

O ihr, die ihr glaubt! Berauschendes, Glücksspiel, Opfersteine und Lospfeile sind ein Gräuel, das Werk Satans. So meidet sie, auf dass ihr erfolgreich seid. (5:90)

O ihr, die ihr glaubt, spendet von dem Guten, das ihr erwarbt, und von dem, was Wir für euch aus der Erde hervorkommen lassen, und sucht darunter zum Spenden nicht das Schlechte aus, das ihr selber nicht nähmet, ohne dabei die Augen zuzudrücken. (2:267)

Sprich: „Wer hat die schönen Dinge Gottes verboten, die Er für Seine Diener hervorgebracht hat und die guten Dinge der Versorgung?“ Sprich: „Sie sind für die Gläubigen in diesem Leben (und) ausschließlich (für sie) am Tage der Auferstehung.“ So machen Wir die Zeichen klar für Leute, die Wissen haben. (7:32)

Es sind jene, die glauben und deren Herzen Trost finden im Gedenken an Gott. Wahrlich, im Gedenken Gottes werden die Herzen ruhig. (13:28)

Sprich: „Ich finde in dem, was mir offenbart worden ist, nichts, was einem Essenden, der es essen möchte, verboten wäre, es sei denn von selbst Verendetes oder ausgeflossenes Blut oder Schweinefleisch, denn das ist eine Unreinheit oder ein Gräuel, worüber ein anderer Name als der Gottes angerufen worden ist.“ (6:145)

Verwehrt hat Er euch nur das von selbst Verendete und Blut und Schweinefleisch und das, worüber ein anderer Name als Gottes angerufen worden ist. Wer aber genötigt wird, (davon zu essen,) ohne die Gebote übertreten zu wollen und ohne das Maß zu überschreiten -, wahrlich, Gott ist dann verzeihend, barmherzig. (16:115)

Aufgaben

1) Erstelle eine Tabelle, in der du zwischen seelischen und körperlichen Krankheiten unterscheidest! Benutze die Koranverse oben als Hilfe!
2) Was ist mit dem Spruch „In ihren Herzen ist eine Krankheit“ gemeint?
3) Was für eine Beziehung gibt es zwischen Glauben und Reinheit?

GESUNDHEIT DURCH REINHEIT

Gott liebt diejenigen, die sich (Ihm) reuevoll zuwenden und die sich reinigen. (2:222)

Die Reinheit ist der halbe Glaube. (Muslim)

Der Schlüssel zum Gebet ist die Reinheit. (Ibn Hanbal)

Der Islam legt großen Wert auf Reinheit und wird deshalb auch die ‚Religion der Reinheit' genannt. Zu Gott beten zu dürfen setzt voraus, dass der Mensch rein ist. Man unterscheidet zwischen innerer und äußerer Reinheit.

Die innere Reinheit

Die innere Reinheit ist die Reinheit der Seele. Sich innerlich zu reinigen heißt, sich von begangenen Sünden zu reinigen. Da der Mensch aus Leib und Seele besteht, ist er nur dann wirklich rein, wenn er sowohl innerlich als auch äußerlich rein ist.
Der Weg, auf dem man sich Gott nähern und Sein Wohlgefallen erlangen kann, führt über die innere Reinheit. Wie aber reinigt man sich innerlich? Innere Reinheit erreicht der Mensch dadurch, dass er an Gott glaubt und den Geboten Gottes folgt. Negative Gefühle und schlechte Gedanken sollten in den Herzen und Seelen der Muslime möglichst wenig Platz finden. Muslime sollten versuchen, allem etwas Positives abzugewinnen und möglichst den guten Seiten der Dinge mehr Beachtung zu schenken als den schlechten. Denn wer das Gute sieht, hat positive Gedanken, und wer positiv denkt, kann das Leben genießen.

Die äußere Reinheit

Auch der Körper muss rein und sauber gehalten werden. Keinesfalls dürfen wir ihm bewusst Schaden zufügen oder ihn vernachlässigen. Wir sollten also so gesund wie möglich leben.
Der Prophet Muhammad, der auch in diesem Punkt ein Vorbild darstellt, empfahl unter anderem, sich regelmäßig die Fingernägel zu schneiden, damit sich im Nagelbett keine Krankheitserreger sammeln, sich mindestens einmal am Tag (vor dem Zubettgehen) die Zähne zu putzen, die Haare gepflegt zu halten und nicht in die Moschee zu gehen, wenn man zuvor Knoblauch oder Zwiebeln gegessen hat (Mundgeruch also zu vermeiden).
Vor und nach dem Essen sollte man sich die Hände waschen. Besonders wichtig ist außerdem auch die Reinheit auf der Toilette.

Aufgaben

1) Warum werden Menschen immer wieder krank?
2) Erstelle eine Tabelle zur inneren und äußeren Reinheit! Vervollständige sie aus den Texten oben und ergänze sie!

Innere Reinheit	Äußere Reinheit
• sich von Sünden reinigen • •	• Fingernägel schneiden • •

3) Erläutere, warum im Hadith die Reinheit als die Hälfte des Glaubens bezeichnet wird?

EINIGE HADITHE ÜBER DIE GESUNDE SEELE

Gott sieht nicht auf eure Gestalt und euer Vermögen. Er sieht auf eure Herzen und eure Werke.

(Muslim; Ibn Madscha)

Der Starke ist nicht der, der die Menschen zu Boden wirft. Der Starke ist der, der im Zorn seine Seele beherrscht.

(Bukhari; Muslim; Abu Dawud)

Hütet euch vor dem Neid. Denn der Neid frisst die guten Taten, wie das Feuer das Holz frisst.

(Abu Dawud)

Der Gläubige verleumdet nicht, er flucht nicht, er frevelt nicht, und er ist nicht niederträchtig im Reden.

(Tirmidhi)

Aufgaben

1) Erkläre diese Aussprüche mit eigenen Wörtern!
2) Folgende Haltungen führen zu einer ungesunden Seele. Unterstreiche die Wörter, die in den Hadithen vorkommen!

- Neid
- Eifersucht
- Betrügen
- Fluchen
- Lügen
- Zorn
- Frevel
- Üble Nachrede
- Herzlos sein
- Sündigen
- Streiten
- Verleumden
- Wut
- Niederträchtiges Reden
- Mangelndes Mitleid
- Unbeherrschtheit im Zorn

SUCHT IN DEN MEDIEN

Elfjährige kommt volltrunken ins Krankenhaus

Die Jugendlichen, die sich bis zur Besinnungslosigkeit betrinken, werden immer jünger: Jetzt ist eine Elfjährige nach einer Zechtour volltrunken kollabiert. Sie hatte mehr als 2,2 Promille im Blut und wäre fast überfahren worden. Doch sie ist nicht die Einzige, die ohnmächtig aufgegriffen wurde. (Welt Online, 14. 01. 2008)

Zahl der Drogentoten in Deutschland steigt

Die Zahl der Drogentoten in Deutschland ist erstmals seit sieben Jahren wieder gestiegen. Im vergangenen Jahr starben 1394 Menschen an den Folgen des Konsums illegaler Drogen wie Heroin, Kokain oder Ecstasy. «Gegenüber dem Vorjahr (1296) bedeutet dies einen Anstieg um 7,6 Prozent“, heißt es im «Drogen- und Suchtbericht 2008“ der Bundesregierung, der heute in Berlin vorgestellt wird. Im bundesweiten Vergleich ist demnach die Zahl der Drogentoten mit 374 in Nordrhein-Westfalen am höchsten, gefolgt von Bayern (242), Berlin (158), Baden-Württemberg (155) und Hessen (129). (Welt Online, 05. 05. 2008)

Aids kostet jährlich 500 Menschenleben in Deutschland

Ein Drittel aller Pop-Songs handelt von Drogen und Alkohol

Pittsburgh (USA) - Etwa ein Drittel aller Pop-Songs nehmen direkten Bezug auf Drogen, Alkohol und Zigaretten. Dabei hängt die Häufigkeit der Erwähnung von Drogen allerdings stark von der musikalischen Richtung ab. In einigen Genres der Populärmusik werden Alkohol und Drogen häufiger erwähnt als in anderen. Zu diesen Erkenntnissen ist ein amerikanisches Forscherteam gelangt, das die 279 populärsten Songs des Jahres 2005 analysiert hat. (Wissenschaft Aktuell, 07. 02. 2008)

Aufgaben

1) Von welchen Problemen berichten die Ausschnitte?
2) Wieso neigen Jugendliche zu riskantem Handeln, selbst wenn die Folgen bekannt sind?
3) Wie kann man Seele und Körper vor solchen Gefahren schützen?

DIE GESCHICHTE VON YUSUF IM KORAN (12. SURE)

Damals sagten sie: „Wahrlich, Yusuf und sein Bruder sind unserem Vater lieber als wir, obwohl wir mehrere sind. Unser Vater befindet sich gewiss in einem klaren Irrtum. (8) Tötet Yusuf oder vertreibt ihn in ein fernes Land; frei (für euch) wird damit das Gesicht eures Vaters, und ihr werdet danach gute Leute sein." (9) Es sagte einer von ihnen: „Tötet Yusuf nicht; wenn ihr aber vorhabt, etwas zu unternehmen, dann werft ihn in die Tiefe eines Brunnens: möge jemand von den Reisenden ihn herausziehen." (10) Sie sagten: „O unser Vater, warum vertraust du uns Yusuf nicht an, obwohl wir es wahrhaftig gut mit ihm meinen? (11) Schicke ihn morgen mit uns, damit er sich vergnüge und spiele, und wir wollen gut auf ihn aufpassen." (12) Er sagte: „Es macht mich traurig, wenn ihr ihn mitnehmt, und ich fürchte, der Wolf könnte ihn fressen, wenn ihr nicht auf ihn aufpasst." (13) Sie sagten: „Wenn ihn der Wolf frisst, obgleich wir zu mehreren sind, dann werden wir wahrlich die Verlierenden sein." (14) Und als sie ihn also mit sich fortnahmen und beschlossen, ihn in die Tiefe des Brunnens zu werfen, gaben Wir ihm ein: „Du wirst ihnen diese ihre Tat einmal sicherlich verkünden, ohne dass sie es merken." (15) Und am Abend kamen sie weinend zu ihrem Vater. (16) Sie sagten: „O unser Vater, wir liefen miteinander um die Wette und ließen Yusuf bei unseren Sachen zurück, und da hat ihn der Wolf gefressen; du wirst uns doch nicht glauben, auch wenn wir die Wahrheit aussprechen." (17) Und sie hatten falsches Blut auf sein Hemd gebracht. Er sagte: „Nein, ihr habt das geplant. Doch schön geduldig sein. Und Gott sei um Hilfe wider das gebeten, was ihr beschreibt. (18)

Sie sagten: „Bist du etwa gar Yusuf?" Er sprach: „Ich bin Yusuf, und dies ist mein Bruder. Gott ist wahrlich gnädig gegen uns gewesen. Wahrlich, wer rechtschaffen und geduldig ist, nimmermehr lässt Gott den Lohn derer, die Gutes tun, verloren gehen." (90) Sie sagten: „Bei Gott, Gott hat dich wahrhaftig vor uns bevorzugt, und wir sind wahrlich schuldig gewesen." (91) Er sprach: „Kein Tadel treffe euch heute. Möge Gott euch vergeben! Denn Er ist der Barmherzigste Erbarmer. (92)

Sie sagten: „O unser Vater, bitte für uns um Vergebung unserer Sünden; denn wir sind wahrhaftig schuldig gewesen." (97) Er sprach: „Ich will Vergebung für euch von einem Herrn erbitten. Wahrlich, Er ist der Vergebende, der Barmherzige." (98) Als sie dann vor Yusuf traten, nahm er seine Eltern bei sich auf und sprach: „Zieht in Ägypten in Sicherheit ein, wie Gott es will." (99)

Aufgaben

1) Warum bricht Streit unter den Brüdern aus?
2) Wie geht die Geschichte weiter? Lese dazu die 12. Sure im Koran, und fasse sie kurz zusammen!
3) Zeichne die Yusuf-Geschichte in Bildern nach!
4) Welche Bedeutung hat die Yusuf-Geschichte für dich?
5) Finde heraus, an welchen Stellen des Textes es zu Streit, Schuld, Neid, Vergebung und Versöhnung kommt! (Gruppenarbeit)

SCHLECHTE ANGEWOHNHEITEN LASSEN SICH NUR SCHWER ÄNDERN

Eines Frühlingsmorgens sonnte sich ein grüner Frosch in Ruhe an einem Bach. Aus dem Gebüsch kroch ein Skorpion hervor. Mit verlogenem Lächeln sagte er zu dem Frosch: „Guten Morgen, Bruder Frosch!“ Da der Frosch den Skorpion nicht für seinen Freund hielt, gab er ihm keine Antwort.

Der Skorpion schmeichelte ihm: „Ich bin eigentlich kein schlechtes Tier, Bruder Frosch. Man hat dir Falsches über mich erzählt. Glaub mir, ich habe ein Herz und freundschaftliche Gefühle. Nur eine Bitte: Ich habe sehr viel zu tun. Kannst du mich bitte auf deinem Rücken zur anderen Seite des Baches tragen? Diese gute Tat werde ich dir niemals vergessen.“

Der Frosch entgegnete: „Wie soll ich dir vertrauen? Ich habe nichts Gutes von dir zu erwarten. Nein, nein das kann ich nicht machen…“ Der Skorpion aber flehte den Frosch an. Er sprach von Wohltaten, Freundschaft und Bruderschaft. Schließlich konnte der Frosch den Schmeicheleien und Tränen des Skorpions nicht länger widerstehen. Er nahm ihn auf den Rücken und schwamm auf die andere Seite des Baches. Genau in dem Moment, als sie das Ufer erreicht hatten, führte sich der Skorpion auch wie ein Skorpion auf. „Cassss…“, stach er den Frosch mit seinem giftigen Stachel in den Rücken. Der arme Frosch stöhnte „Ahhhhh!“, und schrie den Skorpion an: „Was hast du getan? Du wolltest mir doch für meine Wohltat nichts Böses tun? So hattest du es versprochen. Ich hätte nicht auf deine Schmeicheleien hören sollen! Wie konntest du mir das antun?“

Der Skorpion flüsterte ihm zu: „Es tut mir leid, Bruder Frosch. Das ist meine alte Angewohnheit von früher. Ich kann es einfach nicht lassen…“

Schlechte Angewohnheiten lassen sich nun mal nur schwer ändern.

Mewlana Rumi

Aufgaben

1) Was möchte uns diese Fabel sagen?
2) Wie hättest du dich anstelle des Frosches verhalten?

FAMILIE IM ISLAM

Muslimische Familien sind natürlich vom Islam geprägt. Im Islam genießt die Familie großes Ansehen. Sie bildet die Grundlage der Gesellschaft. Solange Rechte und Pflichten der Familienmitglieder innerhalb der Familie respektiert werden, ist auch die Gesellschaft gesund und stark. Wenn diese Werte aber in den Beziehungen der Familienmitglieder verloren gegangen sind, wird man auch in der Gesellschaft vergeblich nach Mitgefühl und Respekt suchen.

Die Bindungen innerhalb der Familie sind im Islam sehr stark. Nur wenn es gar nicht anders geht, werden zum Beispiel Eltern in Altersheime geschickt. Der Zusammenhalt der Familien ist hoch. Auch nach dem 18. Geburtstag verlassen die Kinder das Elternhaus in der Regel nur dann sofort, wenn wichtige berufliche bzw. Studiengründe vorliegen oder bei Gründung einer eigenen Familie. Bestehende Beziehungen werden aber auch dann weiter gepflegt. Weiterhin trägt z.B. der Besuch von Familie oder Verwandten in der Heimat dazu bei, den Kontakt aufrecht zu erhalten (*Sila-i rahim*).

Aufgaben

1) Stelle fest, was die wichtigsten Begriffe im Text sind, und diskutiere sie mit deinem(r) Mitschüler(in)!
2) Bildet Gruppen und schreibt in die Mitte eines Blattes die Frage „Was erwarte ich von meinen Eltern?“ Dann notiere jeder aus der Gruppe am Rand, was ihm dazu einfällt!
3) Was sagen diese Bilder aus?

WER ÜBERNIMMT IN DER FAMILIE WELCHE AUFGABEN?

Aufgaben	Ich	Mutter	Vater	Schwester	Bruder
Auto waschen					
Spülen					
Einkaufen					
Hausaufgaben					
Kinder erziehen					
Blumen gießen					
Frühstück vorbereiten					
Anstreichen					
Reparaturen					
Nähen					
Müll wegbringen					
Aufräumen					
Staub wischen					
Bügeln					
Kochen					
Tapezieren					
Gäste bedienen					
Geld überweisen					
Fenster putzen					
Treppenhaus reinigen					
Waschen					
Geld verdienen					

Aufgaben

1) Wer erledigt die meisten Arbeiten in der Familie?
2) Zähle die Kreuze, die du gemacht hast, und trage die Zahl unten ein!
3) Was zeigen dir die Zahlen?

Ich	Mutter	Vater	Schwester	Bruder
☐	☐	☐	☐	☐

DIE RECHTSCHAFFENEN KALIFEN *(KHULAFÂ'U R-RASCHÎDÛN)* (632-661)

Die 30-jährige Regierungszeit der rechtschaffenen Kalifen Abu Bakr, Umar, Uthman und Ali wurde später als das goldene Zeitalter des Islams bezeichnet. Der Islam verbreitete sich in dieser Zeit und gewann in allen Lebensbereichen der Muslime an Bedeutung.

Abu Bakr wurde zum direkten Nachfolger des Propheten Muhammad gewählt. In seiner Amtszeit (632-634) wurde der Koran in schriftlicher Form niedergelegt und erwies sich von nun an als Stützpfeiler der gesellschaftlichen Ordnung.

Unter der Führung Umars (634-644) wurden Syrien, Palästina, Aserbaidschan und Ägypten erobert. Dieser Kalif war berühmt für seine Gerechtigkeit. Ihm verdankt die islamische Gesellschaft ihr erstes Verwaltungswesen.

Unter dem dritten Kalifen Uthman (644-656) dehnte sich der Herrschaftsbereich des Islams weiter aus. Mehrere Abschriften des Korans wurden angefertigt und in wichtige neue islamische Zentren geschickt.

Der vierte Kalif Ali (656-661) musste sich mit Mu'awiya auseinandersetzen, dem Gouverneur von Damaskus, der sein Kalifat nicht anerkannte. Mit der Ermordung von Ali endete die Epoche der vier Kalifen, die durch freie Wahlen an die Macht kamen. Das Kalifat ging an die Dynastie der Umayyaden über und wurde ab jener Zeit vererbt.

Aufgabe

- Trage in die Tabelle die Namen der Kalifen ein, ihre Regierungszeit und ihre Leistungen!

Kalifen	Amtszeit	Leistungen
Abu Bakr		

Kalif:
Kalif bedeutet wörtlich Statthalter, Nachfolger oder Stellvertreter. Als Kalifen werden die Führer der islamischen Gesellschaft (umma) bezeichnet. Die ersten vier Kalifen nach dem Tode des Propheten Muhammad waren Abu Bakr Umar, Osman und Ali. Sie werden die rechtschaffenen Kalifen genannt und kamen durch die Wahl der Bevölkerung an die Macht. Außerdem wird im Koran der Mensch als Statthalter (Kalif) Gottes auf Erden bezeichnet. (2:30-35; 10:14; 38:26; 35:39)

WAS ABU BAKR VON DER HIDSCHRA BERICHTET HÄTTE

So könnte Abu Bakr die Geschichte der Auswanderung erzählt haben:

Die Verfolgungen der Mekkaner waren kaum noch länger zu ertragen. Und so hatten die meisten Muslime die Stadt bereits verlassen und waren nach Medina ausgewandert. Eines Tages dann kam der Gesandte Gottes zu mir und überbrachte mir die frohe Botschaft, dass auch wir nach Medina gehen würden. Ich würde ihn begleiten. Nur durften die Mekkaner das nicht mitbekommen.

Der Erzengel Gabriel vertraute uns an, dass sich in der Nacht unseres geplanten Aufbruchs unser Gefährte Ali anstelle des Propheten in dessen Bett legen solle. Wie wir später erfuhren, war das auch gut so, denn offensichtlich hatten die führenden Mekkaner in eben dieser Nacht ein Attentat auf den Propheten geplant. Ali aber blieb unversehrt, ganz wie es der Gesandte vorausgesagt hatte.

Um unsere Verfolger zu verwirren, zogen der Prophet und ich im Schutz der Dunkelheit nicht Richtung Medina nach Norden, sondern zunächst gen Süden. Spätestens im Morgengrauen würde man bemerken, dass wir fort waren, und rasch die Verfolgung aufnehmen. Und tatsächlich dauerte es nicht lang, bis uns die Mekkaner dicht auf den Fersen waren. Ihr Fährtenleser galt als der Beste weit und breit. Auch die Spur, die wir hinterließen, bereitete ihm kein Kopfzerbrechen. Was hätten wir also anderes tun sollen, als in einer Höhle auf dem Berg Sevr Zuflucht zu suchen?

Ich betrat die Höhle als Erster, um zu schauen, ob auch alles in Ordnung war. Der Gesandte folgte mir, legte sich hin und schlief schnell ein. Ich hoffte inständig, er möge sich eine Weile ungestört ausruhen können, und verhielt mich still. Doch schon kurze Zeit später verspürte ich auf einmal einen stechenden Schmerz am Fuß und wusste sofort, das war ein Schlangenbiss. Es tat so weh, dass ich meine Tränen nicht kontrollieren konnte und sie dem Propheten aufs Gesicht fielen. Da wachte er auf und fragte mich, was denn los sei. Als ich ihm erklärte, was vorgefallen war, rieb er die Bisswunde mit ein wenig Spucke ein. Wie durch ein Wunder verschwanden die Schmerzen von einem Augenblick auf den anderen, als ob sie nie da gewesen wären.

Zur gleichen Zeit tat sich jedoch offenbar noch etwas anderes, was ich überhaupt nicht bemerkte: Eine Spinne gab sich gerade große Mühe, am Eingang der Höhle ihr Netz aufzuspannen. Und gleichzeitig baute auch ein Taubenpaar dort ein Nest und legte Eier hinein. Schon kurz darauf sollten sich diese verblüffenden Aktivitäten als außerordentlich wertvoll erweisen.

Unsere Verfolger waren nun so dicht an uns herangerückt, dass wir sogar schon ihre Stimmen hören konnten. Sie kamen näher und näher, und ich machte mir die größten Sorgen. Gleich würden sie uns finden. Der Prophet aber beruhigte mich mit den Worten „Sei nicht traurig, …glaubst du etwa, sie können uns gefangen nehmen, wenn Gott doch mit uns ist?" Jetzt standen die Verfolger fast direkt vor uns, und mir sank endgültig der Mut. Wenn sie sich nur hinuntergebeugt hätten, hätten sie uns mit Sicherheit entdeckt. Plötzlich aber rief einer von ihnen den anderen zu, ob sie denn nicht das unversehrte Spinnennetz und das Vogelnest gesehen hätten. Und sofort verstanden sie, was er meinte, und gaben ihm Recht: Kein Mensch hätte sich an den Tieren vorbei in die Höhle schmuggeln können. Also entschlossen sie sich, anderswo weiterzusuchen. Das Spinnennetz, das vielleicht schwächste Haus auf dieser Welt, und zwei Tauben, die vielleicht scheuesten Tiere auf dieser Welt, hatten den Propheten und mich im Auftrag Gottes vor den Feinden bewahrt.

Nachdem die Mekkaner die Hoffnung, uns zu finden, begraben mussten, zogen wir weiter nach Medina. Es gelang uns, eine Strecke, für die man normalerweise 14 Tage braucht, in gerade einmal 9 Tagen zurückzulegen. Unterwegs wurde mir die Ehre zuteil, zum Zeugen vieler Wunder des Propheten zu werden. In Medina angekommen, wurden wir begeistert und mit Freudengesängen empfangen. Die Muslime dort hatten schon ungeduldig auf die Ankunft des Propheten gewartet.

Aufgaben

1) Wieso bewegte sich Abu Bakr nicht von seiner Stelle, obwohl er von einer Schlange gebissen wurde?
2) Was sagt dieses Ereignis über die Beziehung Abu Bakrs zum Propheten?
3) Male ein Bild von der Höhle, die in der Geschichte beschrieben wird.

GLAUBENSGRUNDSÄTZE

Der Muslim glaubt

1. an Allah, den Einen Gott,
2. an alle Gesandten Gottes und Muhammad als den letzten Gesandten,
3. an die Offenbarungsbücher (-schriften) und den Koran,
4. an die Engel,
5. an die Wiederauferstehung (das Leben nach dem Tod) und
6. an die Vorherbestimmung (sei es im Guten oder im Schlechten).

Die sechs Glaubensgrundsätze werden auch im folgenden Gebet erwähnt:

Ich glaube an den Einen Gott, Seine Engel, Seine Offenbarungsbücher und Seine Gesandten, an den Jüngsten Tag und daran, dass alles - ob Gutes oder Schlechtes - von Gott vorherbestimmt worden ist. Ich glaube an die Wiedererweckung nach dem Tode, die unbedingt erfolgen wird, und ich bezeuge, dass es keine Gottheit außer Gott gibt und Muhammad Sein Diener und Gesandter ist.

Engel

Engel sind aus dem Licht Gottes erschaffene geschlechtslose geistige Wesen, die jede beliebige Gestalt annehmen können. Engel widmen sich dem Lobpreis Gottes und dem Dienst an Gott. Engel tun genau das, womit Gott sie beauftragt. Auf Sein Geheiß hin wachen sie über die Menschen, halten deren Werke schriftlich fest und gewähren ihnen sogar Schutz. Wie viele Engel es gibt, weiß Gott allein; mindestens vier kennen wir jedoch mit Namen.

Die vier großen Engel und ihre Aufgaben sind:

1) Gabriel (*Dschibrîl*): Er überbrachte den Propheten die Offenbarungen Gottes.
2) Michael (*Mikâ'il*): Er hat die Aufgabe, bestimmte Naturereignisse auszulösen, uns Regen, Sturm usw. zu schicken.
3) Raphael (*Isrâfîl*): Er wird am Jüngsten Tag die Posaune blasen, die die Menschen zur Wiederauferstehung ruft.
4) Azra'il (*Asrâ'îl*): Der Todesengel nimmt die Seelen der gestorbenen Menschen in Empfang.

OFFENBARUNGSSCHRIFTEN

Muslime glauben an die vier Offenbarungsbücher:

1) an die Thora (*Taurât*), die dem Propheten Moses gesandt wurde,
2) an die Psalmen (*Sabûr*), die dem Propheten David gesandt wurden,
3) an das Evangelium (*Indschîl*), das dem Propheten Jesus gesandt wurde und
4) an den Koran (*Qur'ân*), der dem Propheten Muhammad gesandt wurde.

Ein Koran aus dem 7. Jahrhundert

Fragment einer Evangeliumspassage auf Papyrus (3. Jahrhundert nach Christus)

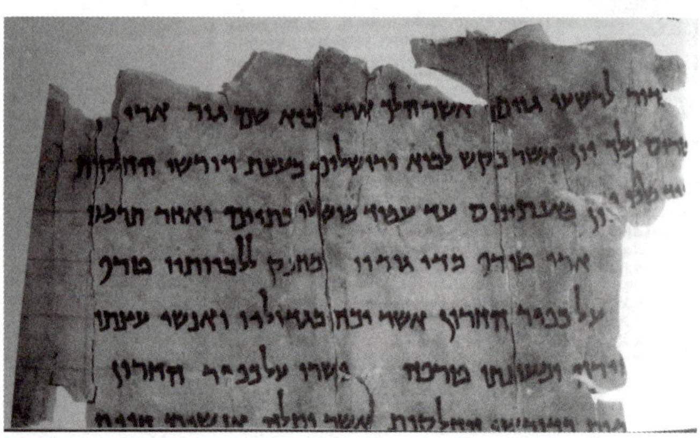

Abschnitt aus einer alten Thora-Schriftrolle

WELCHES WORT WIRD HIER GESUCHT?

Das .... ist ein Dialog mit Gott.

Das .... ist der Kern des Gebets.

Das .... wird im Herzen des Einzelnen gesprochen, umfasst aber die ganze Menschheit.

Das .... schafft ein festes Band zwischen Gott und Seinem Diener.

Das .... ist ein wichtiges Zeichen für die Hingabe an Gott.

Das .... ist eine Wissensquelle.

Das .... macht stark.

Das .... bringt uns der Schöpfung näher.

Das .... zeigt dem Menschen seine Schwäche.

Das .... erinnert den Menschen an seine Verantwortung.

Das .... führt den Menschen zum positiven Denken.

Aufgaben

1) Finde heraus, welche Wörter in die Lücken passen! Denk genau nach! Es kann auch nur ein Wort sein, das in alle Lücken passt.
2) Schreibe ein .... für deine Eltern oder deine Lehrer!

AUSGEWÄHLTE BITTGEBETE

Mein Gott. Dich bitte ich inständig um Vergebung, Tugendhaftigkeit, Gesundheit und Wohlbefinden.

Mein Gütiger Gott. Schenke mir Deinen Schutz und Deine Sicherheit, damit ich nicht hinsichtlich Deiner Existenz in Zweifel verfalle, damit ich Dir keine Teilhaber zur Seite stelle, nie auf Irrwege abgleite, mich von Heuchelei und Wankelmütigkeit fernhalte, Abstand zu jeder Unsittlichkeit halte.

Mein Gott. Vergib mir, hab Erbarmen mit mir, schenke mir Gesundheit und Wohlbefinden, gewähre mir ehrlich verdiente und gesegnete Gaben.

Mein Beschützender Gott. Von Dir erhoffe ich mir das ewige Himmelreich und dessen für uns Menschen unvorstellbar kostbaren Geschenke. Deshalb sehne ich mich nach den Worten und Taten, die mich Deinem Himmelreich näher bringen. Ich suche Zuflucht bei Dir vor dem Reich des Feuers und vor allen üblen Worten und Taten, die mich diesem Feuer ausliefern.

Mein Gott. Mach es uns schwer, nutzlosen und sinnlosen Beschäftigungen nachzugehen, die weder im Diesseits noch im Jenseits Früchte tragen, und damit kostbare Zeit zu vergeuden. Öffne unsere Augen und Herzen für all die schönen Dinge, die dich zufriedenstellen. O Herr, Du bist der Barmherzigste der Barmherzigen.

Mein stets Vergebender Gott. Vergib mir meine Sünden durch Deine Gnade. Lass mein Dasein im Diesseits und im Jenseits auf ewig harmonisch und wohlgeordnet sein.

Mein Gott, Du Erhörer aller Gebete. Dich bitte ich um Weisheit, Frömmigkeit, Sittsamkeit, Genügsamkeit und Bescheidenheit.

Mein Nachsichtiger Herr. Gewähre uns im Diesseits Gutes, gewähre uns auch im Jenseits Gutes, schütze uns vor den Leiden der Hölle. Herr, vergib mir am Jüngsten Tag, an dem wir alle Rechenschaft ablegen müssen, meine Sünden. Vergib auch meiner Mutter, meinem Vater und allen Muslimen. Schenke uns Deine unendlich große Güte und Barmherzigkeit.

Mein Gott. Erhelle mein Herz mit Wissen, reinige meine Seele von Zwietracht und Verirrungen, veranlasse meinen Geist, immer wieder Deiner Einzigartigkeit und Einmaligkeit zu gedenken. Beschütze mich vor den Versuchungen des Bösen, damit es nicht Besitz von mir ergreift; du mein Barmherziger Gott.

DIE GEBETSTEXTE

1.
Allâhu akbar.

Gott ist groß.

2.
Subhânaka allâhummâ wa bi-hamdika wa tabâraka-smuka wa ta'âla dschadduka wa lâ ilâha ghayruk.

Preis sei Dir, o Gott und Lob sei Dir, und gesegnet ist Dein Name, und hoch erhaben ist Deine Herrschaft, und es gibt keinen Gott außer Dir.

3.
Al-hamdu li-llâhi rabbi l-'âlamîn ar-rahmân ir-rahîm mâliki yaumi d-dîn iyyâka na'budu wa iyyâka nasta'în ihdinâ s-sirât al-mustaqîm sirâta-lladhîna an'amta alayhim ghayr il-maghdûbi 'alayhim wa l-ad-dâllîn.

Alles Lob sei Gott, dem Herrn der Welten, dem Erbarmer, dem Barmherzigen, dem Herrscher am Tage des Gerichts! Dir dienen wir, und Dich bitten wir um Hilfe. Führe uns den geraden Weg, den Weg derer, denen Du Gnade erwiesen hast, nicht derer, denen Du zürnst, und nicht den der Irregehenden! (Sure 1)

4.
Qul huwa-llâhu ahad allâhu s-samad lam yalid wa lam yûlad wa lam yakun-lahu kufuwan ahad.

Sprich: Er ist Gott der Eine, Gott der Ewige. Er zeugt nicht und ist nicht gezeugt, und nichts ist Ihm gleich. (Sure 112)

4a.
Innâ a'tainâk al-kawthar fa-sallî li-rabbika wa-nhar inna schâni-aka huwa l-abtar.

Wahrlich, Wir haben dir Überfluss gewährt, darum bete zu deinem Herrn und opfere. Wahrlich, dein Hasser, er ist ohne Nachkommen. (Sure 108)

5.
Subhâna rabbîy al-azîm. (3-mal wiederholt)

Preis sei meinem Herrn, dem Gewaltigen.
6.
Sami'a-llâhu li-man hamidah rabbanâ wa laka l-hamd.

Gott hört den, der Ihn preist. Unser Herr, Lob sei Dir.

7.
Subhâna rabbîy al-a'la. (3 mal wiederholt)

Preis sei meinem Herrn, dem Allerhöchsten.

8.
At-tahiyyâtu li-llâhi was-salawâtu wat-tayyibât as-salâmu alayka ayyuhâ n-nabîyu wa rahmatu-llâhi wa barakâtuh as-salâmu alaynâ wa alâ ibâdi-llâhi s-sâlihîn. Aschhadu an lâ ilâha illâ-llâh wa aschhadu anna muhammadan abduhu wa rasûluh.

Ehre sei Gott und Anbetung und Heiligkeit.
Friede sei mit Dir, o Prophet, und der Segen Gottes und Seine Gnade.
Friede sei mit uns und den aufrichtigen Dienern Gottes. Ich bezeuge, dass es keine Gottheit außer Gott gibt, und ich bezeuge, dass Muhammad Sein Diener und Gesandter ist.

9.
Allâhummâ sallî alâ muhammadin wa alâ âli muhammad kamâ sallayta alâ ibrâhîma wa alâ âli ibrâhîma innaka hamîdun madschîd. Allâhummâ bârik alâ muhammadin wa alâ âli muhammad kamâ bârakta alâ ibrâhîma wa alâ âli ibrâhîma innaka hamîdun madschîd.

O Gott, gib Deinen Segen Muhammad und seinen Nachfolgern, wie Du Deinen Segen Abraham und seinen Nachfolgern gegeben hast; wahrlich, Du bist der zu Lobende, der Ruhmreiche.
O Gott, segne Muhammad und seine Nachfolger, wie Du Abraham und seine Nachfolger gesegnet hast; wahrlich, Du bist der zu Lobende, der Ruhmreiche.

10.
Rabbanâ â'tinâ fîd-dunyâ hasanatan wa fîl-âkhirati hasanatan wa qinâ'adhâba n-nâr.

Unser Herr, gib uns in dieser Welt Gutes und im Jenseits Gutes, und verschone uns vor der Strafe des Feuers.

11.
As-salâmu alaykum wa rahmatu-llâh. (2 mal wiederholt)

Der Friede und die Gnade Gottes seien mit euch.

BITTGEBETE WÄHREND DER PILGERFAHRT

1) **Zur Bekräftigung der Absicht, die Pilgerfahrt zu vollziehen:**
Labbayk allâhummâ hadschan.

Hier bin ich, Dir zu Diensten, o Gott, zur Pilgerfahrt.

2) **Beim Anlegen des Ihrâm-Gewandes:**
Allâhummâ innî urîdu l-hadscha fa yasirhu lî wa taqabbalhu minnî.

Gott, ich will die Pilgerfahrt (vollziehen), darum mache sie leicht für mich, und nimm sie von mir an.

3) ***Talbiya*** (Befolgung), so oft wie möglich zu sprechen:
Labbayk allâhummâ labbayk, labbayka lâ scharîka laka labbayk, inna l-hamda wa n-ni'mata laka wa l-mulk lâ scharîka lak.

Ich bin hier, Dir zu Diensten, o Gott. Ich bin hier, Dir zu Diensten. Ich bin hier, Dir zu Diensten, du hast keinen Gefährten. Ich bin hier, Dir zu Diensten. Lob und Segen sind Dein, und Dein ist die Herrschaft. Du hast keinen Gefährten.

4) **Beim Erblicken der Kaaba:**
Allâhu akbar lâ ilâha illâ-llâh

Gott ist groß. Es gibt keine Gottheit außer Gott.

5) **Vor dem *Tawâf:***
Allâhummâ innî urîdu tawâfa baytika l-harâmî fa yasirhu lî. taqabbal minnî sab'ata aschwâtin li-llâhi ta'âlâ 'azza wa dschall.

Gott, ich will die Umschreitung Deines heiligen Hauses (vollbringen), mach es leicht für mich, und nimm es von mir an. Sieben Umrundungen für Gott den Erhabenen, den Mächtigen, Gewaltigen.

6) **Während des *Tawâf*, vor Erreichen des Schwarzen Steins:**
Rabbanâ â'tinâ fîd-dunyâ hasanatan wa fil-âkhirati hasanatan wa qinâ 'adhâba n-nâr

Unser Herr, gib uns in dieser Welt Gutes und im Jenseits Gutes, und verschone uns vor der Strafe des Feuers.

7) ***Während des Tawâf:***
l'anna'nî bimâ razaqtanî wa bârik lî fîhi wa-khlif alâ kulli ghaybatin lî bi-khayrin. lâ ilâha illâ-llâhu wahdahu lâ scharîka lah. lahu l-mulku wa lahu l-hamdu wa huwa alâ kulli schay'in qâdir.
Gott, lass mich zufrieden sein mit dem, womit Du mich versorgt hast, und segne mich damit, und gewähre mir für alles Vergehende

Besseres. Es gibt keine Gottheit außer Gott, Er ist allein, und nichts ist Ihm beigesellt. Sein sind die Herrschaft und die Lobpreisungen, und Er hat Macht über alle Dinge.

8) **Vor dem *Sa'y:***
Allâhummâ innî urîdu an as'â mâ bayna s-safâ wal-marwati sab'ata aschwât.

Gott, ich möchte die Strecke zwischen Safa und Marwa sieben Mal zurücklegen.

9) **Auf den Hügeln Safa und Marwa:**
Bismi-llâh allâhu akbar allâhu akbar allâhu akbar wa li-llâhi l-hamd.

Im Namen Gottes. Gott ist groß. Gott ist groß. Gott ist groß, und Ihm sei Preis.

10) **Am Berg Arafat:**
Lâ ilâha illâ-llâhu wahdahu lâ scharîka lah. lahu l-mulku wa lahu l-hamd allâhummâ-hdinî bil-hudâ wa naqînî bit-taqwâ wa-ghfir lî fîl-âkhirati wa l-ûlâ.

Es gibt keine Gottheit außer Gott. Er ist allein und nichts ist Ihm beigesellt. Sein sind die Herrschaft und der Lobpreis. O Gott, leite mich mit Deiner Rechtleitung, und reinige mich durch die Furcht (vor) Dir, und vergib mir im Jenseits und Diesseits.

11) **In Mina, beim Werfen der Steine:**
Bismi-llâh allâhu akbar radschman lisch-schaytâni wa hizbih.

Im Namen Gottes. Gott ist groß. Das Steinigen gilt dem Satan und seiner Gefolgschaft.

12) **In Mina, vor dem Opfern:**
Bismi-llâh.

Im Namen Gottes.

Aufgaben

1) Wähle fünf Gebete aus, die dir besonders wichtig sind, und begründe deine Auswahl!
2) Einigt euch in der Gruppe auf fünf Gebete, und stellt sie vor!

DER VOLLMOND

Als der Prophet Muhammad (Friede sei mit ihm!) am Ende seiner beschwerlichen Auswanderung von Mekka nach Medina endlich auf dem Hügel Wada bei Medina auftauchte, erwarteten ihn dort schon viele begeisterte Menschen. Sie empfingen ihn mit folgendem Lied:

Der Vollmond

DER VOLLMOND STIEG HOCH ÜBER UNS
ÜBER DAS TAL AL-WADA.
ZU DANKEN WARD VONNÖTEN UNS,
WO DER RUF IST ZU GOTT.

O DU LIEBSTER AUSERWÄHLTER
KAMST MIT DEM WORT ZU FOLGEN.
KAMST UND BRACHTEST UNS'RER STADT EHR',
O RUFER SEIST WILLKOMMEN.

DIR HABEN WIR JA GEHULDIGT
DEIN' WEG NICHT ZU VERLASSEN.
DU BIST STERN, BIST DES GLÜCKES LICHT
DICH WERDEN WIR STETS LIEBEN.

DU BIST VOLLMOND, DU BIST SONNE
UND DU BIST LICHT UBER LICHTER.
DER SCHÖNSTE DER HIMMELSSTERNE
O GELIEBTER GESANDTER.

Aufgaben

1) Wie haben die Bewohner von Medina den Propheten empfangen?
2) Mit welchen Ausdrücken wird der Prophet dargestellt?
3) Wie würdest du dieses Gedicht als Bild darstellen? Zeichne es!

ERGÄNZENDE INFORMATIONEN ZUR HANDHABUNG

Diese „Lehr- und Arbeitsmaterialien für den Islamunterricht“ sind ein Produkt jahrelanger zum Teil ungeahnt mühevoller Entwicklungsarbeit in Theorie und Praxis. Ich hoffe, dass sie einen wichtigen Beitrag zur Lern- und Lehrtätigkeit im Islamunterricht und auch fächerübergreifend leisten werden. In den folgenden Zeilen möchte ich exemplarisch noch kurz einige didaktisch-methodische Besonderheiten der vorliegenden Texte erläutern.

Diese Lehr- und Arbeitsmaterialien eignen sich sehr gut zur Gestaltung ganzer Unterrichtsreihen und geben einen lockeren Orientierungsrahmen vor. Andererseits lassen sie den Lehrkräften aber auch genügend Raum, um eigene Ideen und Impulse in den Unterricht mit einzubringen.

Koran und Sunna sind die beiden Hauptquellen des Islams. Sie werden von allen Muslimen als Bezugsnorm akzeptiert und müssen demnach das Fundament jedes Islamunterrichts bilden. Die vorliegenden Arbeitsblätter tragen dieser Notwendigkeit Rechnung und bieten Ihnen eine umfangreiche themenorientierte Sammlung an Koranversen und Hadithen.

Der Titel dieser Arbeitsblätter lautet „Lehr- und Arbeitsmaterialien für den Islamunterricht“ und spiegelt den Anspruch wieder, Lehrmaterialien und Arbeitsmaterialien in einem einzigen Buch zu vereinen. So wird neben der pädagogisch-didaktischen Methodik auch reichlich Fach- und Sachwissen angeboten, wobei die zwei Bereiche einander ergänzen sollen. Zur Veranschaulichung mag die Geschichte von Mus‘ab bin Umayr dienen: Sie beschreibt das Verhältnis zwischen dem Propheten und seinen Gefährten und das der Gefährten untereinander. Die biografische Perspektive des Prophetengefährten Mus‘ab bin Umayr hilft den Schülerinnen und Schülern, sich die Zeit der Anfänge des Islams besser vorzustellen. Sie gewährt einen aufschlussreichen Einblick in die Wahrnehmung der neuen Religion in ihrer Entstehungsphase und illustriert den Einfluss des Islams auf die familiären und gesellschaftlichen Beziehungen und Strukturen zu Lebzeiten des Propheten. Dankenswerterweise haben muslimische Historiker das Leben der Gefährten bis ins Detail dokumentiert. Und so konnte ich mich bei dieser Geschichte von Mus‘ab bin Umayr aus dem reichen Fundus ihrer Werke bedienen. Damit sich die Schülerinnen und Schüler leichter in die Hauptfigur hineinversetzen können, habe ich die Geschichte in pädagogischer Hinsicht „aufbereitet“. Ich habe sie in vier chronologische Abschnitte unterteilt, die den Entwicklungs- und Reifungsprozess von Mus‘ab bin Umayr vor Augen führen. Die Geschichte beginnt im Haus Al-Arqam und endet in Uhud (bei Medina). (S. 64)

Ähnlich didaktisch aufbereitet wurde auch das Thema Pilgerfahrt. Die Unterrichtsreihe zur Pilgerfahrt umfasst eine Vertiefung, in der die Schülerorientierung und -aktivierung im Mittelpunkt stehen. Diese Vertiefung erfolgt anhand des Briefes einer jungen Pilgerin. (S. 24-25) Der Brief stellt die unterschiedlichen Stationen der Hadsch in Form eines

Erlebnisberichtes vor, der alle wichtigen Begriffe und Inhalte enthält, die mit der Pilgerfahrt zu tun haben. Allerdings: Der Brief ist durcheinandergeraten, und nun sollen die Schüler die Textfetzen ordnen und in die richtige Reihenfolge bringen. Hierzu kann man ihnen bestimmte Anhaltspunkte liefern, indem man ihnen z.B. Einleitung und Schlusswort vorgibt, allgemeine Erläuterungen zum Thema oder auch Erklärungen zu Besuchen der Städte Mekka und Medina. Auf diese Weise erhalten die Schüler zugleich einen „biografischen Zugang“ zum Thema.

Naturgemäß sind nicht alle in diesen Lehr- und Arbeitsmaterialien angesprochenen Themen leicht verständlich; zum Beispiel die essenziellen Eigenschaften Gottes (S. 47), die für das islamische Gottesverständnis ganz entscheidend sind und aufgrund ihrer Bedeutsamkeit weder ausgelassen noch allzu kurz abgehandelt werden dürfen. In diesem Fall habe ich versucht, einige vereinfachende Erklärungen zu geben. Sinnvoll erscheint mir auch, die Schülerinnen und Schüler Karteikarten mit relevanten deutschen und arabischen Begriffen vorbereiten zu lassen. Indem sie einander befragen, lernen sie, die wichtigsten Begriffe im Gedächtnis zu behalten. Auch ein Auswendiglernen bestimmter Begriffe kann Erfolg versprechen, sollte sich aber unbedingt am Thema orientieren. Gerade bei schwierigen und abstrakten Themen wie diesen sind Sie aber auch herzlich dazu eingeladen, sich eigene Gedanken machen und den Kindern ergänzende Erklärungen zu liefern.

Die „Konzeptmap“ zum Thema Schöpfung im Koran (S. 36) präsentiert Ihnen einen - meines Wissens nach - völlig neuen Ansatz, islamische Inhalte in aufgeschlüsselter Form effektiver zu vermitteln. Hier werden die Schlüsselbegriffe eines Koranverses graphisch in eine Wechselbeziehung zueinander gestellt. Die Aufgabe der Schülerinnen und Schüler besteht darin, über die Pfeile logische Verbindungen zwischen den vorgegebenen Begriffen aus dem Vers herzustellen. So werden sie dazu angeregt, diese Begriffe in ihre eigenen Begriffsstrukturen zu integrieren. Eine solche Vorgehensweise fördert das bezugsorientierte Denken, mit dem viele Schülerinnen und Schüler sonst große Schwierigkeiten haben. Die Konzeptmap kann außerdem auch als Tafelbild eingesetzt werden. Sie hilft den Kindern, sich mit eigenen Worten auszudrücken und vernünftige Sätze zu bilden. Auf Seite 41 finden Sie eine weitere Konzeptmap zum Thema „Gott erkennen und dienen“. Die dort vorgegebenen Beispiele schulen das abstrakte Denkvermögen der Kinder und ermöglichen ihnen, Begriffsnetze zu Koranversen, Hadithen oder anderen Texten zu erstellen.

Für wie wichtig ich gelungene grafische Darstellungen in der Unterrichtsvermittlung halte, dokumentiert auch die Seite 44, wo es um Mensch und Schöpfung geht. Sie gibt den Schülerinnen und Schülern einen vollständigen Überblick über das Leben des Menschen in Diesseits und Jenseits und veranschaulicht gleichzeitig einen Koranvers (2:156) sehr eingehend.

Ebenso wie in anderen Schulfächern üblich und selbstverständlich, darf auch im Islamunterricht der Aktualitätsbezug nicht fehlen. Denn dieser verdeutlicht den Schülerinnen und Schülern die Relevanz des Faches für ihren Alltag, motiviert sie zusätzlich und bereichert ihren Horizont um neue Sichtweisen. Themen wie Tierquälerei, Sucht, Armut und soziale Probleme, die auch Gegenstand anderer Fächer sind und dort jeweils aus deren fachspezifischem Blickwinkel besprochen werden, werden auch hier behandelt, um den Kindern zu zeigen, dass man sich ihnen aus ganz unterschiedlichen Perspektiven nähern kann und nähern sollte. (Siehe dazu u.a. S. 32, 38, 45, 83.)

Auf Seite 43 wird die Frage gestellt, was schön ist und was hässlich. Zweifellos gehört es zum Wesen der Menschen all das, was ihnen begegnet, in gegensätzliche Kategorien wie schön/hässlich, gut/schlecht, nützlich/unnütz usw. einzuordnen. Diese Klassifizierung dient dem Zweck, sich eine vertraute Umgebung aufzubauen und darin Halt zu finden bzw. dem Dasein einen Sinn zu verleihen. Doch nach welchen Kriterien sollen diese Kategorien gebildet werden? Die islamische Religion gibt hier Orientierungshilfe, indem sie allen Geschöpfen einen Sinn zuordnet. Sie führt uns die wahre Schönheit aller Geschöpfe vor Augen - eine Schönheit, die von uns Menschen nicht immer auf den ersten Blick erkannt wird. Mir geht es bei dem Thema also in erster Linie darum, den Schülerinnen und Schülern näherzubringen, was der Islam unter Schönheit versteht, und ihnen dadurch Respekt vor der ganzen Schöpfung - vor der Natur, den Tieren und den Mitmenschen - zu vermitteln.

Nahezu alle Bilder, die Ihnen in diesem Buch begegnen, stammen aus meiner privaten Bildersammlung und verleihen diesen Lehr- und Arbeitsmaterialien eine persönliche Note. Besonders hervorheben möchte ich die Bilder von der Pilgerfahrt (S. 23) oder auch die von Bettlern aus Afrika und Hamburg (S. 38). Meiner Erfahrung nach tragen diese Bilder zu einer ansprechenden Unterrichtsgestaltung bei und bringen die Schüler ins Gespräch miteinander.

Im Allgemeinen finden Sie in den Texten die arabischen Originalbegriffe in ihrer deutschen Wiedergabe. Denn unabhängig davon, welche Sprache die muslimischen Schülerinnen und Schüler von Hause aus sprechen, sind die arabischen und die deutschen Wörter für sie alle gleichermaßen bindend. Besonders hilfreich erweist sich diese Handhabung immer dann, wenn die Kinder bestimmte islamische Begriffe bereits irgendwo gehört haben, aber nicht wissen, was sie in deutscher Sprache bedeuten.

Leider können im Rahmen dieses Nachwortes nicht sämtliche didaktischen Erwägungen diskutiert werden. Dies würde hier eindeutig zu weit führen und wäre nur im Rahmen eines gesonderten Lehrerhandbuchs möglich. Bitte haben Sie dafür Verständnis. Und so möchte ich nun einen Schlusspunkt setzen und wünsche Ihnen noch viel Freude und Erfolg in der Arbeit mit diesen Lehr- und Arbeitsmaterialien für den Islamunterricht!